ATLAS
DE
GÉOGRAPHIE UNIVERSELLE,
A L'USAGE DE LA JEUNESSE,

COMPOSÉ DE 21 CARTES ÉCRITES, ET DE 4 CARTES MUETTES,

PRÉCÉDÉ

D'UN PRÉCIS GÉOGRAPHIQUE
DE TOUTES LES PARTIES DU MONDE,

AVEC

UNE INSTRUCTION SUR LA MANIÈRE DE S'APPLIQUER UTILEMENT A L'ÉTUDE DE LA GÉOGRAPHIE,
SERVANT D'INTRODUCTION.

PARIS,
P. FROMENT ET COMP^{ie}., ÉDITEURS, RUE DAUPHINE, N°. 24.
1830.

TABLE DES MATIÈRES.

Instruction sur la manière d'étudier la géographie, et de copier le tracé des cartes géographiques................ Pag. 1	Confédération Germanique................ Pag. 31
Précis élémentaire de géographie. Notions préliminaires............ 3	Prusse. — Pologne................ 33
Europe................ 6	Autriche................ 35
Iles Britanniques................ 8	Espagne et Portugal................ 37
Danemarck................ 10	Italie................ 40
Suède et Norwège................ 11	Turquie d'Europe................ 42
Russie d'Europe................ 12	Asie................ 44
France................ 14	Afrique................ 45
Confédération Suisse................ 28	Amérique................ 47
Pays-Bas................ 30	Océanie................ 50
	Monde connu des Anciens, et histoire de la géographie et de ses progrès................ 51

ORDRE DES CARTES COMPOSANT L'ATLAS.

Nos 1 et 2 Mappemonde.
    3 Europe.
    4 Asie.
    5 Afrique.
    6 Amérique septentrionale.
    7 Amérique méridionale.
    8 France.
    9 Espagne et Portugal.
    10 Italie.
    11 Suisse.
    12 Allemagne occidentale.
    13 Prusse et Pologne.
    14 Autriche.

Nos 15 Pays-Bas.
    16 Angleterre.
    17 Suède et Norwège.
    18 Russie d'Europe.
    19 Turquie d'Europe.
    20 Océanie.
    21 Monde des Anciens.

CARTES MUETTES.

    22 Hémisphère oriental.
    23 Hémisphère occidental.
    24 Europe.
    25 France.

INSTRUCTION
SUR
LA MANIÈRE D'ÉTUDIER LA GÉOGRAPHIE,
ET DE COPIER LE TRACÉ DES CARTES GÉOGRAPHIQUES.

Il est incontestable que la meilleure et l'unique manière de s'appliquer avec fruit à l'étude de la géographie proprement dite, est celle qui, joignant l'usage des cartes à l'usage des livres, présente l'exemple sensible à côté de la définition, et fait agir la mémoire des yeux de concert avec la mémoire de l'esprit. Cette vérité, qui, pour être démontrée, n'a pas besoin du secours des preuves, n'est d'ailleurs que le développement ou, pour mieux dire, l'application des principes qui forment la base d'un système d'enseignement nouvellement introduit dans l'éducation générale, système qui embrasse tous les genres d'enseignement, et dont la marche, entièrement opposée à l'ancienne routine des écoles, obtient des résultats plus rapides et plus sûrs à la fois.

Il n'entre pas dans notre intention ni dans le but de ce traité de faire ici l'apologie ou l'exposé des avantages de la nouvelle méthode sur l'ancienne; ces avantages, l'expérience vient chaque jour les démontrer, et il nous suffit de l'empressement qui accueille partout cette sorte de révolution dans l'instruction, pour justifier notre projet de l'appliquer d'une manière spéciale à l'étude de la géographie. Car, s'il est vrai que ce mode d'enseignement puisse s'étendre indifféremment à toutes les parties de l'instruction, il faut convenir qu'il n'est pas de science qui paraisse devoir en admettre avec plus de succès l'application que celle dont les leçons, mieux que dans aucune autre, peuvent se passer des explications d'un maître, et dont la connaissance, sans parler des agrémens qui s'y trouvent attachés, rencontre son emploi dans toutes les circonstances comme dans toutes les positions de la vie.

Le but principal de la géographie, considérée dans ses rapports purement physiques, est de faire connaître la configuration matérielle et extérieure du globe, la disposition et l'étendue des divers objets qui se présentent à sa surface, comme les montagnes, les mers, les fleuves, etc. Elle offre le tableau des nations qui composent la terre, la position, les limites et les divisions politiques des contrées occupées par ces nations. Cette description indicative, ou configuration de toutes les parties dont se compose la surface de la terre, s'opère à l'aide de traits ou lignes tracés sur le papier. C'est ce procédé qui constitue les cartes géographiques, ou représentations planes de tout ou partie de la masse terrestre. On divise les cartes en *mappemondes* ou *planisphères*, quand elles figurent l'universalité du globe; *cartes chorographiques*, c'est-à-dire qui ont pour objet une contrée particulière, comme un royaume, une province; et *cartes topographiques*, quand elles ne représentent qu'une faible étendue, comme le plan d'une ville, ou d'un endroit quelconque. On distingue aussi les *cartes nautiques*, ou de la marine; les *cartes minéralogiques*, etc.; et enfin une autre sorte de cartes appelées *muettes*, c'est-à-dire qui présentent les positions des villes, sans les accompagner de l'indication de leurs noms.

On conçoit aisément combien il importe à l'élève, en même temps qu'il lira la description d'une contrée, d'avoir sous les yeux la configuration tracée de cette même contrée, afin de pouvoir se rendre compte, en se reportant aux indications de la carte, de toutes les descriptions indiquées par le livre. Ainsi, cette étude simultanée des cartes et des livres ne doit jamais être séparée, comme il n'arrive encore malheureusement que trop fréquemment, de la part de certains maîtres; autrement il faudra s'attendre à ne rien saisir, et par conséquent à ne rien retenir d'une étude qui n'aura laissé qu'une impression imparfaite dans la mémoire, comme il en arriverait d'un aveugle qui n'aurait fait qu'entendre.

Il est encore une manière d'étudier, ou mieux de se perfectionner dans l'étude de la géographie, vaguement recommandée par un petit nombre d'auteurs, mais trop rarement pratiquée pour que l'utilité en soit bien généralement sentie. Ce moyen, aussi simple dans ses procédés qu'il est heureux dans ses résultats, consiste uniquement, pour l'élève qui veut étudier une contrée, à copier avec exactitude les cartes qui le représentent, soit en se servant d'une feuille d'un papier transparent, connu sous le nom de papier végétal ou papier de calque, que l'on applique sur la carte imprimée, en l'y fixant légèrement par les quatre coins avec de la colle à bouche, et qui, laissant apercevoir tous les traits du modèle, permet de les retracer avec exactitude et fidélité sur ce papier; soit en employant le moyen d'imitation indiqué plus loin, et en observant, pour l'une comme pour l'autre de ces deux manières, de s'appliquer à retracer les masses avant de s'occuper du détail des divisions particulières, que l'on n'abordera que petit à petit, et par degrés, afin de se bien pénétrer de l'ensemble avant tout, et de pouvoir, sans confusion, attribuer à chaque État la position exacte qui lui appartient.

De la sorte, rien n'échappe à l'attention : les divisions, la position et la forme des États se gravent nettement et invariablement dans l'esprit, et ici, comme dans toute autre étude, *écrire, c'est avoir déjà à moitié retenu.*

Avant d'expliquer la manière la plus sûre d'exécuter ces copies avec l'exactitude qui convient à la géographie, et qui doit en former le premier mérite, il ne sera pas inutile de présenter sur la composition des cartes géographiques, et sur leur exécution matérielle, quelques remarques générales.

On voit assez communément qu'à l'exception des cartes mappemondes, c'est-à-dire qui, représentant le globe entier, ont comme lui la forme sphérique, toutes les cartes sont tracées avec une forme carrée, et qu'en général dans ces cartes le *nord* se trouve en haut, le *sud* en bas, l'*est* à la droite du spectateur, et l'*ouest* à sa gauche.

Les mers sont indiquées, dans les parties qui baignent les côtes, par des traits sinueux, ombrés par des hachures, ou distingués par une teinte azurée dans les cartes coloriées; dans les cartes ordinaires, les hachures rentrent dans la mer, et au contraire elles sont disposées du côté des terres pour les cartes marines ou hydrographiques.

Les positions des villes et autres lieux remarquables sont désignées par de petits ronds qui prennent divers accompagnements, suivant la valeur explicative qu'on y attache dans les cartes d'une certaine étendue; les lettres écrites auprès de ces signes de positions font connaître les lieux auxquels elles s'appliquent.

Nous allons maintenant exposer les moyens usités pour le genre d'étude pratique de la géographie, dont nous avons parlé plus haut. Ces moyens n'exigent aucune connaissance préalable du dessin, et moins encore des procédés géométriques : leur extrême simplicité, qui les met à la portée de tous, aurait pu nous dispenser d'en faire l'objet d'une explication particulière, si le plan et le but de ce Traité élémentaire ne nous faisaient une loi de ne rien laisser ignorer de ce qui peut contribuer à simplifier et abréger l'étude de la science qui en fait l'objet.

Il y a deux manières de copier les cartes géographiques : la première, qui consiste à reproduire exactement le modèle dans toutes ses parties, et sans apporter de changement dans ses dimensions; la deuxième, lorsqu'il s'agit de réduire la carte modèle ou de moitié, ou du tiers, ou du quart.

Il suffit, pour la première manière, de commencer par tracer, soit avec un crayon, soit avec un fusain, ou toute autre matière facile à effacer, sur la carte que l'on se propose d'imiter, en se servant d'une règle carrée, autant de lignes droites qu'il en faut pour que le tracé de la carte s'en trouve couvert dans toute sa longueur; puis on coupe ces lignes par d'autres tracées dans un sens contraire, et à distance égale entre elles, de manière à former avec les premières lignes des carrés parfaitement égaux. Ensuite on dispose sur le papier de la copie un pareil nombre de carrés tracés de la même manière et dans les mêmes proportions, et dans chacun de ces carrés vides on esquisse successivement et avec netteté au crayon tous les traits externes dans chacun des carrés correspondans du modèle, et l'on continue de la sorte jusqu'à ce qu'on soit parvenu à reproduire l'un après l'autre tout le contenu des carrés de la carte modèle.

Ce tracé terminé au crayon avec le plus de pureté et de précision que possible, on le passe à la plume avec de l'encre de Chine délayée à l'état d'encre commune; après quoi on fait disparaître toutes les traces du crayon en nettoyant le papier avec de la gomme élastique; et si l'on fait usage des couleurs pour distinguer les divisions des États, on a soin de n'employer que des couleurs légèrement chargées.

On sent bien que dans ce procédé il y aurait autant d'inconvénient à tracer des carrés trop petits, et dont la multiplicité entraînerait confusion, qu'à les tenir d'une dimension trop large, et par conséquent difficile à remplir avec exactitude. Il est facile d'éviter les deux inconvénients en se servant, pour tracer les carrés, d'une règle dont la largeur soit proportionnée à l'étendue du modèle.

La seconde manière, qui, au premier aperçu, paraît offrir plus de difficultés, est aussi simple d'exécution que la première, et n'exige qu'un peu plus d'attention de la part de l'élève qui copie, et qui toutefois ne devra pratiquer ce moyen qu'après s'être suffisamment exercé sur le premier. Les carrés se tracent de la même manière, en observant seulement, lorsqu'il s'agira de réduire la copie de moitié, de tracer sur la carte modèle des carrés deux fois aussi grands que sur le papier qui doit servir à copier; et qui s'obtient en donnant sur la carte deux tours au lieu d'un à la règle avec laquelle on tire les lignes, tandis qu'on trace ceux de la copie sur la largeur d'un seul des côtés de la règle, et de manière qu'il n'y ait sur la carte et sur le papier blanc qu'un même nombre de carrés.

De même, pour réduire d'un tiers, on ne trace les lignes ou carrés sur la carte modèle qu'après avoir tourné trois fois la règle avant de tirer chaque ligne, tandis qu'on les trace de deux en deux tours de règle sur la copie; ce qui donne évidemment à la carte copiée, en suivant les procédés de réduction déjà expliqués, une réduction d'un tiers dans toutes ses parties.

Il serait bon, dans ces sortes d'imitations, que l'élève commençât d'abord par ne copier que les positions des villes, et le tracé des mers et autres eaux, sans s'occuper d'en écrire les noms; et qu'il s'exerçât pendant quelque temps à étudier sur ces cartes muettes, à nommer toutes les indications, jusqu'à ce qu'il fût parvenu à classer les États et leurs divisions, et à donner à chaque contrée, à chaque ville, à chaque mer, à chaque fleuve, sa véritable position. Pour ce genre d'étude, il est essentiel que l'élève ait sous les yeux, en même temps qu'il étudiera sur la carte muette, la carte correspondante avec les noms écrits, et ce ne sera qu'après s'être habitué à bien reconnaître et nommer les positions, en comparant ainsi les deux cartes, qu'il livra par s'exercer sur la carte muette seule. L'expérience acquise de l'utilité de ces sortes de cartes muettes nous a engagés à en comprendre quelques unes de cette nature parmi celles qui font partie de l'Atlas, pour servir de modèle et de point d'exercice; et dans la composition de ces deux cartes on s'est attaché à en rendre le tracé facile à copier avec exactitude.

De cette manière (et l'on sent combien il importe de ne se servir pour modèles que de cartes d'une exactitude reconnue), tous les détails et les divisions d'une contrée se graveront invariablement dans la mémoire; et si, après avoir ainsi dessiné le plan d'une partie quelconque de la terre ou d'un État, on vient à étudier la description écrite de cette même partie de la terre ou de cet État, on s'aperçoit de la grande facilité avec laquelle on saisit l'ensemble de ces descriptions, et avec quelle facilité plus grande encore on les retient.

PRÉCIS ÉLÉMENTAIRE
DE GÉOGRAPHIE.

NOTIONS PRÉLIMINAIRES.
DÉFINITION ET DIVISIONS PHYSIQUES DE LA TERRE.

La *géographie* a pour objet la description de la terre, et c'est la signification de ce mot. Cette description s'étend à faire connaître les différentes contrées, leur situation, leur étendue, et les rapports qui existent entre leurs habitans.

On appelle *terre* la réunion de tous les corps qui composent cette masse arrondie que nous habitons, et qui se divise en *terre* proprement dite, et en *eau*. Sous le nom de terre, on distingue le *continent* ou *terre ferme*, et les *îles*. On entend par continent une étendue considérable de terres qui ne sont point séparées par les mers : ainsi l'on distingue deux continens,

l'ancien et le nouveau : l'ancien, qui comprend l'*Europe*, l'*Afrique* et l'*Asie*; et le nouveau, qui se compose de l'*Amérique*. On peut aussi considérer comme continent, et cinquième partie du monde, cette vaste étendue de terre découverte assez récemment au milieu des mers du Sud, et qui forme la principale des îles connues sous le nom d'*Océanie* ou *terres australes*.

Outre ces divisions principales, il en existe d'autres qu'il importe également de faire connaître, aussi bien que l'explication des termes usités en géographie, et appliqués aux différentes formes et positions de la terre et de l'eau.

DIVISIONS DE LA TERRE.

Une *île* est une surface de terre isolée au milieu des eaux qui l'entourent; exemples : l'*Angleterre*, la *Corse*, la *Sardaigne*.

Une réunion d'îles rapprochées les unes des autres se nomme *archipel*. La Grèce en possède plusieurs.

La *presqu'île* ou *péninsule* est l'étendue de terre qu'entourent les eaux, excepté d'un côté par où cette terre se rattache au continent; l'*Espagne*, l'*Italie*, l'*Afrique*, l'*Amérique*, sont autant de vastes péninsules.

L'*isthme* est une langue de terre baignée par la mer de deux côtés, et qui joint deux continens ensemble ou une presqu'île au continent; exemple : l'*isthme de Suez*, qui joint l'Afrique à l'Asie.

Un *cap* ou *promontoire* est une éminence de terre qui s'avance dans la mer, et se termine en pointe; exemples : le *cap Nord* en Europe, le *cap de Bonne-Espérance*, qui termine l'Afrique au sud.

Les élévations que forme la terre sur différens points du globe prennent le nom de *montagnes*. Le prolongement de plusieurs de ces montagnes dans une suite continue, et sur une grande étendue de terre, s'appelle *chaîne*. L'Europe en contient plusieurs, telles que les *Alpes*, les *Pyrénées*. Quand ces montagnes renferment un feu caché dans leur sein, et vomissent par intervalles des flammes et des matières embrasées, comme l'*Etna*, le *Vésuve*, on les nomme des *volcans*.

L'Europe en renferme quatre; l'Afrique en présente plusieurs le long de ses côtes, de même que l'Asie sur ses côtes, vers la mer Caspienne, et dans la presqu'île du Kamtchatka; on en compte à peu près cinquante dans l'Amérique méridionale, tant dans la chaîne des Cordillères que dans les Antilles. L'Océanie est la partie du globe qui en compte le plus dans la multitude d'îles qui la composent.

L'enfoncement qui sépare deux montagnes se nomme *vallée*. Une *colline* est une légère élévation de terrain.

DIVISIONS DE L'EAU.

Une *mer* ou *océan* est un vaste amas d'eau salée qui environne ou sépare les continens; on distingue quatre grandes mers : 1° l'*Océan*, qui sépare l'ancien et le nouveau continent; 2° la *mer des Indes*, à l'est de l'Afrique et au sud de l'Asie; 3° la *mer du Sud*, ou *Océan pacifique*, entre l'Asie et l'Amérique; 4° et la *mer Glaciale arctique*, au nord des deux continens. On divise encore les mers en *extérieures* et *intérieures*;

extérieures, qui entourent les continents; intérieures, qui sont situées dans l'intérieur des terres.

Un bras de mer qui s'avance dans les terres prend le nom de *golfe* quand cette mer est étendue, et de *baie* quand elle est moins grande. Tels sont le *golfe Adriatique* au nord-est de l'Italie, la *baie d'Hudson* au nord-est de l'Amérique septentrionale.

Un *détroit* est une partie de mer resserrée entre deux terres, et qui joint deux mers ensemble; exemples : le *détroit de Gibraltar*, entre l'Espagne et l'Afrique; celui de *Behring*, entre l'Asie et l'Amérique.

Une *rade* est un léger enfoncement de la mer dans les terres, le long des côtes, où les vaisseaux trouvent un abri et peuvent aborder.

Un *lac* est une masse plus ou moins considérable d'eau douce, et sans courant; exemple : le *lac de Genève* en Suisse.

Quand ces eaux n'embrassent qu'une médiocre étendue, elles prennent le nom d'*étang*; et si ces eaux sont basses et fangeuses, on les nomme *marais*.

Indépendamment des mers, la terre est arrosée par les *ruisseaux*, les *rivières* et les *fleuves*, ou rivières considérables qui vont se jeter dans la mer. On nomme *embouchure* l'endroit où un fleuve se joint à la mer; si cette jonction se fait par plusieurs bras, on nomme ces endroits *bouches* : ainsi l'on dit les *bouches du Danube*, les *bouches du Rhône*.

Un *confluent* est la réunion de deux rivières.

On entend par *bassin* les parties basses d'un continent, dans lesquelles coulent les fleuves et les rivières.

Pour se former une idée exacte de la terre, il faut la représenter comme un globe décrivant sur lui-même, en 24 heures, un mouvement de rotation qu'il exécute autour d'un axe ou ligne qu'on suppose traverser la terre d'un bout à l'autre, en passant par le centre. Ce globe est partagé horizontalement en deux moitiés égales, que l'on nomme *hémisphères*, par un cercle qui prend le nom d'*équateur* ou *ligne équinoxiale* : les deux extrémités du globe les plus éloignées de l'équateur s'appellent, à l'hémisphère supérieur ou au nord, *pôle arctique*; au sud, *pôle antarctique*. D'un pôle à l'autre se prolongent des lignes ou cercles perpendiculaires, traversés par d'autres lignes parallèles à l'équateur; ces lignes ou cercles forment ce que l'on appelle *degrés*; les lignes perpendiculaires sont les degrés de longitude, et les autres les degrés de latitude (1). La terre, comme la circonférence de tout cercle, comprend 360 degrés; chacun de ces degrés représente une distance de 25 lieues.

On a long-temps conservé l'usage, maintenu par une ordonnance de Louis XIII, de compter le premier degré ou méridien en partant de l'île de Fer en Afrique : aujourd'hui chaque nation le place communément dans sa capitale; en France, il passe par l'Observatoire de Paris.

Le diamètre ou épaisseur de la terre est de 2,865 lieues communes de 25 au degré, et sa circonférence de 9,000 lieues : on évalue sa superficie à 26,750,540 lieues carrées, dont les terres connues s'occupent qu'un cinquième à peu près : le reste est couvert par les mers.

Tableau comparatif, et par évaluations approximatives, des populations et étendue de chacune des cinq parties du monde.

	Populations	Étendues en lieues carrées
Europe	210 millions	418,302
Asie	390 »	2,465,697
Afrique	100 »	1,454,115
Amérique	50 »	1,800,518
Océanie	3 »	435,000

Terres du globe... 6,134,216

L'EUROPE.

L'Europe est la moins considérable des cinq parties du monde sous le rapport de l'étendue, mais la plus importante par l'industrie, la civilisation et les connaissances de ses habitans, et par sa puissante influence sur toutes les autres. Située entre les 36e et 71e de latitude, depuis Gibraltar jusqu'au cap Nord en Laponie, elle occupe à peine, en continent et en îles, la soixantième partie du globe, et le dixième des terres. Sa largeur, calculée depuis le cap Matapan en Grèce jusqu'au Nord dans l'île Mageröd, qui appartient à la Suède, est de 850 lieues; sur une longueur de 1,117 lieues, depuis le cap Saint-Vincent en Portugal jusqu'au détroit de Vaigatch, au nord-est de la Russie.

Son étendue comprend 418,302 lieues carrées, peuplées de 212 millions d'habitans environ; ce qui donne, terme moyen, 509 habitans par lieue carrée. Elle est bornée par les mers de toutes parts, excepté à l'est, où elle est limitée par les monts Ourals et le fleuve Oural. Le climat en diffère suivant la situation des contrées. Ainsi il est brûlant en Espagne, glacé dans la Laponie; mais en général il est plus doux et plus tempéré que partout ailleurs, dans les régions du centre. Ses productions varient à

---

(1) En géographie, on figure l'inclinaison des degrés, et les minutes et secondes de degré, de la manière suivante : 4° 20' 16", c'est-à-dire 4 degrés 20 minutes 16 secondes.

l'infini ; les principales, et celles dont le commerce tire le parti le plus avantageux, sont celles qu'une industrie active fait valoir.

Si l'on excepte la Turquie, où l'on professe le mahométisme, la religion chrétienne est la religion dominante en Europe.

Les principales mers sont l'*Océan atlantique*, l'*Océan glacial*, la *mer de Marmara*, la *mer Noire* et la *mer Caspienne*, qui lui servent de limites ; et à l'intérieur la *mer Blanche*, la *mer Baltique*, la *mer du Nord*, la *mer Adriatique*, et la *mer d'Azov*.

Les montagnes composent quatre grandes chaînes : les *Pyrénées* au nord de l'Espagne, les *Alpes* au nord de l'Italie, les *Krapacks* en Hongrie, et les *Apennins*, qui partagent l'Italie dans toute sa longueur. On y connaît quatre volcans, l'*Etna* en Sicile, le *Vésuve* dans le royaume de Naples, le mont *Hécla* en Islande, et le *Stromboli* dans l'île de ce nom, parmi les îles *Lipari*, au nord de la Sicile. Voici un aperçu de la hauteur des pointes les plus élevées de chacune de ces chaînes de montagnes, au-dessus du niveau de la mer :

	mètres	pieds
Mont-Blanc (Alpes)	4,810	14,807
Nethou Pyrénées	3,481	10,722
Pointe Lomnitz (Krapacks)	2,707	8,315
Monte-Velino (Apennins)	2,393	7,369
Etna	3,237	
Vésuve	1,196	
Hécla	1,613	
Stromboli	922	

Nombre de fleuves parcourent l'Europe, et arrosent ses diverses régions. Voici les noms et le cours des principaux :

Fleuves	Pays traversés	Cours en lieues	Embouchure
Le Volga	Russie	865	Mer Caspienne
Le Danube	Bavière, Allemagne, Hongrie, Turquie	725	Mer Noire
Le Dniéper, ou Borysthène	Russie	518	Mer Noire
L'Oural	Russie	500	Mer Caspienne
Le Don	Russie	507	Mer d'Azov
Le Rhin	Suisse, France, Allemagne, Pays-Bas, Hollande	272	Océan atlantique
Le Tage	Espagne, Portugal	226	Océan atlantique

On compte en Europe quatorze États ou contrées principales ; le tableau suivant présente un aperçu comparé des noms, population et étendue de chacun de ces États.

		Population	Étendue en lieues carrées	Population par lieue carrée
Au nord	1. Les Iles Britanniques	24,306,771	13,910	1,742
	2. Le Danemarck	2,024,000	7,787	267
	3. La Suède et la Norvège	3,954,000	27,785	139
	4. La Russie d'Europe	53,000,000	204,461	259
	5. La France	31,697,348	27,019	1,173
Au centre	6. La Suisse	1,855,520	1,866	993
	7. Les Pays-Bas	4,443,333	1,322	1,600
	8. La Confédération germanique	31,092,965	12,443	2,498
	9. La Prusse	12,924,673	10,380	1,245
	10. L'Autriche	24,000,243	18,800	1,275
Au sud	11. L'Espagne	14,108,909	22,820	619
	12. Le Portugal	3,061,000	4,500	652
	13. L'Italie	19,728,000	16,000	1,230
	14. La Turquie d'Europe	8,110,000	23,000	364
	Total	234,983,513	219,700	

On peut encore classer la division des États dont se compose l'Europe de la manière suivante :

Trois empires : la Russie, l'Autriche, et la Turquie.

Treize royaumes : la France, la Grande-Bretagne, la Prusse, les Pays-Bas, l'Espagne, la Sardaigne, les Deux-Siciles, le Portugal, le Wurtemberg, la Bavière, la Saxe, le Danemarck, et la Suède.

Un électorat : Hesse-Cassel.

Huit républiques : la Suisse, les îles Ioniennes, San-Marino, Cracovie, Francfort, Brême, Hambourg, Lubeck.

Dix principautés : Hohenzollern-Hechingen, Hohenzollern-Sigmaringen, Lichtenstein, Schwartzbourg-Rudolstadt, Schwartzbourg-Sondershausen, Reuss, Hesse-Cassel, Waldeck, Lippe-Detmold, Lippe-Schauenbourg.

Une monarchie élective : les États du pape.

Un landgraviat : Hesse-Hombourg.

Six grands duchés : Toscane, Bade, Hesse-Darmstadt, Weimar, Mecklembourg-Strélitz, Mecklembourg-Schwerin.

Treize duchés : Lucques, Parme, Modène, Nassau, Saxe-Meiningen, Oldenbourg, Brunswick, Saxe-Gotha, Saxe-Cobourg, Saxe-Hildburghausen, Anhalt-Kœthen, Anhalt-Dessau, Anhalt-Bernbourg.

Le continent européen possède plusieurs îles dans les mers qui l'environnent ; les plus remarquables sont, en commençant par le nord, le *Spitzberg*, dans la mer Glaciale, inhabitable à cause du froid excessif qui y règne ; les îles de Danemarck et l'*Islande*, qui appartiennent à ce royaume, l'*Angleterre* et l'*Irlande*, avec toutes les îles de moindre étendue qui font partie des îles Britanniques ; *Majorque* et *Minorque* à l'Espagne, la *Corse* à la France ; la *Sardaigne*, la *Sicile*, les *îles Ioniennes*, au nombre de sept, qui forment une république dont l'indépendance est garantie par la protection de l'Angleterre ; l'*Archipel* de la Grèce et les *Cyclades*, qui se composent des nombreux groupes d'îles répandues dans la mer Ionienne, depuis le cap Matio jusqu'au détroit des Dardanelles, et dont les principales sont *Candie* et *Negrepont*. Comme le reste de la Grèce, ces îles resteront soumises à la domination turque tant que la Grèce, dont elles font partie, n'aura pas reconquis sa liberté.

ILES BRITANNIQUES.

Les Iles Britanniques, formées principalement de deux grandes îles dans l'Océan atlantique, au nord de la France, comprennent les trois royaumes d'Angleterre, d'Écosse et d'Irlande, que l'on désigne généralement par le nom d'Angleterre ou Grande-Bretagne.

On évalue la population européenne de la Grande-Bretagne à 21,326,751 habitans, savoir : 12,387,788 pour l'Angleterre, 6,846,949 pour l'Irlande, et 2,092,014 pour l'Écosse. Le climat en est habituellement insalubre, à cause de son humidité et de ses brouillards; à l'exception du houx et du vin, la terre est assez fertile en toute espèce de productions, mais surtout en pâturages excellens, qui nourrissent de nombreux troupeaux et des chevaux d'une race estimée. Dans presque toutes les parties du royaume on trouve la houille et le charbon de terre. L'agriculture paraît y avoir atteint son plus haut degré de perfection. Les Anglais sont industrieux, et entendus au commerce; la religion qu'ils professent, et que l'on nomme anglicane, n'est autre que la doctrine de Luther; la presque totalité des Irlandais suivent la religion catholique. Le gouvernement est monarchique représentatif, c'est-à-dire partagé entre le roi, les pairs ou nobles héréditaires, et la chambre des communes, composée de six cent cinquante-huit membres, élus dans les trois royaumes; de même qu'en France, le concours de ces trois hiérarchies de pouvoirs est nécessaire pour la sanction des lois. La couronne est héréditaire, et les femmes y succèdent comme les hommes. On peut assigner à l'Angleterre le premier rang parmi les puissances du monde; et cette supériorité, elle la doit principalement à l'étendue de ses relations commerciales, à l'activité de son industrie, mais surtout à l'état florissant de sa marine, qui la rend maîtresse des mers.

Les îles qui font partie du royaume uni de la Grande-Bretagne sont les îles de *Man* et d'*Anglesey* dans la mer d'Irlande; les *Shetlan*, groupe de quarante-six îles; les *Orcades* ou *Orkey*, composées de soixante îles; les *Hébrides* ou *Westernes*; plus nombreuses encore; les îles *Saint-Kilda*, de *Skie*, de *Colle*, de *Tyrey*, de *Mull*, de *Jura*, d'*Isay* et d'*Orney*, au nord et à l'ouest de l'Écosse; les *Sorlingues* ou *Scilly*, l'île de *Wight* au sud-ouest de l'Angleterre; et les îles de *Jersey*, *d'Aurigny* et de *Guernesey*, près des côtes de France.

Les possessions lointaines de l'Angleterre sont immenses, et alimentent continuellement son commerce. En Asie, elle est maîtresse de l'Inde et d'une multitude d'îles considérables; en Amérique, elle possède le Canada et plusieurs îles, avec une partie de la Guiane; en Afrique, le cap de Bonne-Espérance et quelques îles encore lui appartiennent; dans l'Océanie, elle a la Nouvelle-Galles méridionale, et la terre de Van-Diemen.

ANGLETERRE.

L'Angleterre proprement dite se divise en six circuits ou arrondissemens, subdivisés en trente-huit comtés. Ce nom de *circuit* indique l'étendue qui se trouve soumise à la juridiction d'un tribunal, dont les juges se rendent successivement, deux fois par année, dans chacun des comtés de leur attribution, pour y exercer la justice.

Le tableau suivant offre l'indication de ces comtés, et de leur division ou circuits.

Comtés.	Cantons.	Capitales.	Comtés.	Cantons.	Capitales.	Comtés.	Cantons.	Capitales.
Northern, ou du nord, 6 comtés.	York Durham Northumberland Lancaster Westmoreland Cumberland	York Durham Newcastle Lancaster Kendal Carlisle	Midland, ou du centre, 9 comtés.	Warwick Lincoln Derby Nottingham Leicester Rutland Stafford Northampton	Warwick Lincoln Derby Nottingham Leicester Oakham Stafford Northampton	Norfolk, 6 comtés.	Buckingham Bedford Huntingdon Cambridge Suffolk Norfolk	Buckingham Bedford Huntingdon Cambridge Ipswich Norwich
						Home, 5 comtés.	Essex Hertford Kent Surrey Sussex	Chelmsford Hertford Canterbury Guildford Chichester
						Oxford, 5 comtés.	Berks Worcester Gloucester Oxford Monmouth Hereford Shrop	Reading Worcester Gloucester Oxford Monmouth Hereford Shrewsbury
						Western, ou de l'ouest, 9 comtés.	Stafford Hants Wilts Dorset Somerset Devon Cornwall	Stafford Winchester Salisbury Dorchester Bath Exeter Launceston

Le comté de *Middlesex*, dont Londres est la capitale, forme le siège de la cour suprême de justice, et ne fait partie d'aucun circuit, non plus que *Cheshire*, comté palatin, qui a ses juges particuliers.

Il en est de même de la principauté de *Galles*, sur les côtes de l'ouest, qui comprend douze comtés, six au nord et six au midi, et dont la ville principale est *Caermarthen*, sur le Towi. Le titre de cette principauté appartient aux fils aînés des rois d'Angleterre.

Londres, capitale de toute la Grande-Bretagne, siège de la monarchie anglaise, et le centre du commerce et de la puissance de cette nation, occupe les bords de la Tamise, qui lui offre un port vaste et sûr, dans lequel remontent les plus gros vaisseaux, à une distance de près de 25 lieues de la mer. Cette ville, la plus grande et la plus peuplée de l'Europe, en est peut-être aussi la plus opulente. On y admire principalement le palais de Westminster, l'église de Saint-Paul, la Bourse, et la Colonne élevée en mémoire du fatal incendie de 1666, qui réduisit la ville en cendres. On évaluait, en 1821, la population de cette immense capitale à 1,274,600 habitants.

Les autres villes remarquables que présente l'Angleterre après Londres, sont : *Liverpool*, dans le comté de Lancastre, qui tient le second rang par sa population, qui est de 94,376 habitans; situé sur la mer d'Irlande, son port est spacieux et son commerce très-étendu; — *Manchester*, dans le même comté, renommée pour la bonté et l'activité de ses manufactures; — *Birmingham*, ville très-peuplée du comté de Warwick; ses nombreuses manufactures, et ses fabriques d'ouvrages en acier, qui jouissent d'une réputation européenne, occupent le presque totalité de ses habitans; — *Bristol*, la ville la plus commerçante et la plus riche de l'Angleterre après Londres; — *Oxford* et *Cambridge*, célèbres par leurs universités ; — *Portsmouth* et *Plymouth*, villes fortes et ports de mer militaires, les deux plus considérables de la marine anglaise, renfermant de vastes chantiers, et d'immenses magasins pour la construction et l'équipement des vaisseaux.

ÉCOSSE.

L'Écosse, appelée *Calédonie* par les anciens, occupe le nord de l'Angleterre; la Tweed, les monts Cheviots et le détroit de Solway, établissent la limite de ces deux contrées. L'Écosse formait autrefois un royaume particulier; après une lutte opiniâtre pour soutenir ses souverains, elle a été soumise et réunie en 1707 à la couronne d'Angleterre, mais sans perdre le titre de royaume, qu'elle a conservé jusqu'à ce jour.

L'intérieur de ce pays offre les vues les plus pittoresques à l'œil du voyageur, par la multiplicité de ses lacs, et la disposition de ses rochers et montagnes, couronnés de bois à leurs sommets. L'exploitation du fer que renferment plusieurs de ces montagnes se fait avec une activité admirable.

Les Écossais des montagnes mènent une vie pauvre; ils sont tous chasseurs ou pasteurs. On les distingue de ceux qui habitent les plaines à leur costume simple et leste, à leurs mœurs antiques, et à leur air fier et martial.

On évalue la surface totale de ce royaume à 3,900 lieues carrées, il se divise en trente-trois comtés, dont treize au nord et vingt au sud, en prenant le cours du Tay pour point de séparation de cette division.

Au nord, les principales villes sont : *Inverness*, *Aberdeen*, université, *Perth* et *Dundee*, sur le Tay, et *Montrose*, sur la mer. Près d'Inverness se trouve *Culloden*, célèbre par la bataille gagnée en 1746 par le duc de Cumberland sur les Écossais, armés pour la cause des Stuarts leurs anciens souverains, et commandés par le Prétendant, petit-fils de Jacques II.

Dans le midi de l'Écosse les villes les plus remarquables sont : *Édimbourg*, sur le golfe de Forth, capitale de toute l'Écosse; population, 82,634 habitans; *Glasgow*, la plus importante après Édimbourg, qu'elle surpasse en population; *Stirling*, *Dumbarton*, *Saint-André*, et *Dumfries*.

Les principales rivières qui arrosent l'Écosse sont : la *Forth*, la *Clyde*, le *Tay*, le *Spey* et la *Tweed*.

IRLANDE.

L'Irlande, ancienne *Hibernie*, forme une île située à l'ouest de l'Angleterre, dont elle est séparée par le canal de Saint-Georges; elle est divisée en quatre provinces, qui sont : l'*Ulster* au nord, le *Leinster* à l'est, le *Munster* au sud, et le *Connaught* à l'ouest; ces provinces se subdivisent en trente-deux comtés. On donne à l'Irlande 165 lieues de longueur et 60 de largeur, et sa surface est estimée à 3,030 lieues carrées. Son climat passe pour le plus humide et le plus malsain de toute l'Angleterre.

Les principales villes de l'Ulster sont : *Londonderry* et *Belfast*; dans le Leinster, Dublin, capitale de l'Irlande, ville considérable, et célèbre par son université, sur le Liffey; population, 196,753 habitans, et Drogheda, dans le Munster, Cork, port de mer, Waterford et Limerick, sur le Shannon; dans le Connaught, Galway et Roscommon.

Les rivières comparables de l'Irlande sont : la Suire, la Barrow, le Shannon et la Boyne, sur les bords de laquelle le roi Guillaume III remporta, en 1690, une grande victoire sur Jacques II.

L'Irlande fut soumise, en 1172, par Henri II, roi d'Angleterre; mais sa réunion à la Grande-Bretagne ne date que de 1801.

Aperçu de la population des possessions anglaises, ou des contrées qui reconnaissent la domination de cette puissance dans les cinq parties du monde :

Europe.	De l'Helgoland.................... 2,500	
	Gibraltar........................ 15,000	
	Malte.......................... 98,500	120,000
	Iles Ioniennes................... 217,000	
	Royaume de Hanovre............. 1,305,700	
	De Ceylan...................... 800,000	
Asie.	Bengale........................ 36,567,000	105,067,000
	Madras........................ 13,500,000	
	Le Cap........................ 129,600	
Afrique.	Sierra-Leone.................... 25,000	265,200
	Iles Maurice ou de France......... 90,000	
	Iles Seychelles et Amirantes....... 6,600	
	Amérique du nord............... 1,053,140	
Amérique.	Guiane et Hespaoo.............. 738,000	1,289,825
	Antilles, Lucayes, et Honduras... 921,685	
Océanie.	Van-Diemen et Nouvelle-Galles.... 41,000	41,000
		107,962,025

DANEMARCK.

Le royaume de Danemarck se compose de la presqu'île de Jutland, et de plusieurs îles, dont les principales sont : les îles de Séeland et de Fionie, dans la mer Baltique; l'Islande, au nord-ouest du Danemarck, dans l'Océan atlantique, et les îles Ferroë, au nombre de quarante, plus rapprochées du continent, vers la pointe nord-ouest de l'Écosse.

Quoique situé sous une latitude froide, le Danemarck produit du blé, du serrasin, du chanvre, et d'excellens pâturages; il nourrit de nombreux troupeaux, et ses chevaux sont estimés, malgré leur petite taille; ceux du Holstein sont très-propres à la cavalerie. Le principal commerce des Danois consiste dans la vente du poisson, qu'ils pêchent en abondance dans les mers du Nord et sur leurs côtes.

La luthéranisme est la religion dominante dans cet État. La couronne est héréditaire, et le roi est investi d'une autorité absolue, tempérée seulement par les lois. On fait monter la population du Danemarck à 2,245,500 habitans. Les Danois sont actifs, industrieux, bons marins; ils cultivent avec succès les sciences et les lettres.

Le Jutland forme une presqu'île entre les 53e et 58e de latitude nord, et depuis le 5e jusqu'au 9e longitude est du méridien de Paris. Au sud, il est borné par les États de la Confédération germanique; il comprend le Jutland proprement dit, et les duchés de Sleswick, et de Holstein et Lauenbourg.

Viborg est la ville principale du Jutland. Elle renferme environ 5,000 habitans. — Hambourg, dans le Holstein, fait partie des villes libres de l'Allemagne.

L'île de Séeland, au sud-ouest de la Suède, renferme Copenhague, capitale du royaume, avec un beau port pouvant contenir cinq cents vaisseaux, sur la côte orientale de l'île, ville grande et commerçante. Ruinée en grande partie par un incendie qui consuma ses plus beaux édifices le 20 octobre 1728, elle a été rebâtie avec plus de régularité. En 1807, les Anglais en firent le siège, et la bombardèrent. On y admire le palais où réside le roi de Danemarck, plusieurs beaux monumens, et une riche bibliothèque. Population : 96,800 habitans.

L'île de Fionie est située entre le Jutland et l'île de Séeland; Odensée en est la ville principale : 11,000 habitans.

Les autres îles moins considérables, groupées autour de ces deux principales dans la mer Baltique, sont celles de Laaland, de Falster, de Möen, d'Alsen, d'Œbroe-Langer, de Famern, de Bornholm, et celle de Ween, dans laquelle le célèbre astronome danois Ticho-Brahé construisit son observatoire, que l'on voit encore auprès de la petite ville qui en a pris le nom d'Uranienburg. Toutes ces îles sont séparées entre elles par plusieurs détroits dont il importe de faire connaître les principaux : le plus grand est celui qui porte le nom de Skager-Rack; il sépare le Danemarck de la Norwége; le Cattégat, entre le Jutland et la Suède; le Sund, entre l'île de Séeland et les côtes occidentales de Suède, le grand

Belt, entre l'île de Séeland et l'île de Fionie, et le *petit Belt*, entre cette dernière et le Jutland. Les îles de *Sylt* et *Helgoland* sont situées dans l'Océan atlantique, près de l'embouchure de l'Elbe; cette dernière est aux Anglais.

L'*Islande*, ou île de Glace, selon la signification de ce nom, occupe une étendue de 3,803 lieues carrées environ. Cette île est toute hérissée de montagnes, parmi lesquelles domine le mont *Hécla*, volcan considérable, quoique sa cime soit couverte d'une neige perpétuelle. *Skalholt*, village situé à peu de distance de ce volcan, et peuplé de 1,200 habitans, est le chef-lieu de l'Islande et la résidence d'un évêque. La religion des Islandais est la même que celle des Danois. La population entière de l'île se composait, en 1820, de 48,386 individus.

Les îles *Faëroe* forment un groupe sous le 9° de longitude ouest et le 62° de latitude nord. Celle de *Waager* est la plus considérable. La population de ces îles ne va pas au-delà de 5,500 habitans.

Le Danemarck a sous sa domination quelques possessions étrangères à l'Europe, telles que les îles *Saint-Thomas*, *Saint-Jean*, *Sainte-Croix* et *Saint-Christophe*, dans les Antilles, en Amérique; divers établissemens sur les côtes de Guinée, en Afrique; et en Asie, sur la côte de Coromandel. On peut aussi ranger parmi les établissemens lointains de cet État ceux qu'il possède dans le Groënland, et qui ont principalement pour objet la pêche de la baleine au milieu des mers du Nord. Ce dernier établissement compte environ 7,500 habitans, la plupart Danois.

SUÈDE ET NORWÈGE.

La jonction de la Norwège au royaume de Suède date d'une époque très-récente. Cette contrée faisait auparavant partie de la souveraineté de Danemarck. Aujourd'hui, elle n'est plus considérée que comme une province de la Suède, dont les limites sont, au nord, l'Océan glacial; au midi et à l'est, la mer Baltique et la Russie; à l'ouest, l'Océan atlantique. Cet État occupe, avec le Danemarck, les contrées désignées par les anciens sous le nom de *Scandinavie*, et c'est de leur sein qui sortaient ces hordes guerrières de barbares, successivement appelés *Cimbres*, *Goths*, *Scandinaves*, *Suèves*, *Normans* ou *hommes du Nord*, qui, après des attaques répétées, portèrent les derniers coups à la grandeur romaine, et dont les invasions couvrirent tout le midi de l'Europe.

Le climat de la Suède est froid pendant les hivers, qui y sont longs et rigoureux; le retour de l'été est marqué par des chaleurs subites et souvent excessives, sans aucune de ces gradations qui, parmi nous, accompagnent le changement des saisons. L'air y est pur et salubre, et c'est une chose assez ordinaire de rencontrer en Suède des centenaires que l'âge n'a point encore empêché de suivre leurs travaux accoutumés. Les provinces méridionales rapportent du blé, du maïs, des légumes et des fruits; mais la principale richesse de la Suède consiste dans ses mines d'argent, de cuivre, et surtout de fer, dont l'exploitation, avec celle des bois, dont il se fait une exportation considérable à l'étranger, compose une des plus fortes branches de l'industrie et du commerce de la nation.

L'autorité souveraine réside entre les mains d'un Roi, et la formation des lois se fait par le concours des États de Suède et de Norwège, et la sanction du monarque. On voit dans ce royaume la même religion que dans le Danemarck.

La population s'élève à 3,592,000 habitans, savoir : 2,634,600 pour la Suède, et 957,400 pour la Norwège. Cette population est loin de se trouver en rapport avec l'immense étendue de ces deux États, dont une grande partie des habitans, ceux du nord principalement, n'ont d'autre industrie que celle qu'exigent les premiers besoins de la vie, et ne vivent que du produit de leur pêche; d'un autre côté, l'extrême rigueur du climat et l'infertilité d'une terre hérissée de montagnes, coupée de lacs et de marais immenses, et couverte presque en tout temps de neiges et de glaces, ont dû naturellement opposer de grands obstacles à l'accroissement de la population. Quoi qu'il en soit, les provinces méridionales de la Suède ne sont, sous aucun rapport, restées en arrière de la civilisation européenne. En général, les Suédois ont l'esprit vif, et porté vers les sciences et les arts, que l'on cultive à Stockholm avec autant de succès que dans toute autre capitale de l'Europe.

La Suède se divise en quatre grandes provinces : la *Suède propre*, la *Gothie*, la *Bothnie occidentale*, et la *Laponie suédoise*.

La Suède propre a pour ville principale Stockholm, capitale de tout le royaume, bâtie sur plusieurs îles, entre le lac *Meler* et la mer Baltique. La plupart de ses maisons sont en bois peint, et construites sur pilotis. Le port de Stockholm est un des plus beaux qui existent; sa profondeur est telle qu'elle permet aux plus gros vaisseaux d'aborder sur les quais. Population : 63,174 habitans.

Upsal, dans la même province, était autrefois lieu de résidence royale. Elle possède une célèbre université, et, entre autres édifices remarquables, un observatoire par lequel les Suédois font passer leur premier méridien. Population : 4,807 habitans.

Gothembourg, située à l'embouchure du *Clara*, dans la mer du Nord ;

est la capitale de la Gothie, et la seconde ville du royaume; il s'y fait un commerce assez considérable de fer et de bois de construction, tirés du Nord. Population : 21,058 habitans.

Torneo ou *Tornéa*, ville principale de la Bothnie occidentale, au fond du golfe de Bothnie, est moins une ville qu'un bourg qui n'a pas plus de 700 habitans. C'est dans cette ville qu'est élevée la célèbre pyramide de Maupertuis et autres astronomes français, en mémoire des observations par eux faites dans ces contrées en 1736.

Asèle, population : 1,200 habitans; bourg principal de la Laponie.

Cette province, la plus septentrionale du continent européen, est terminée au nord par le cap Nord, dans l'île *Mageröe*, sous le 71° 10' 30" de latitude nord. Ses habitans, par leurs habitudes et leur conformation naturelle, semblent former une nation distincte des autres peuples. Petits et grossiers, ils composent leurs vêtemens de peaux d'animaux, et leur nourriture de poissons frais et secs; la pêche est leur unique occupation, et ils n'ont d'autres habitations que des cabanes informes, qu'ils transportent d'un lieu à l'autre, au gré de leurs caprices.

NORWÈGE.

Cet État, qui se trouve enfermé entre l'Océan et la Suède, dont il est séparé par les monts *Dofrines*, faisait anciennement partie du royaume de Danemarck. Depuis 1814, il appartient à la Suède, à laquelle il a été cédé en vertu d'un traité, ratifié par le Congrès de Vienne. Le sol de la Norwège est, à peu de différence près, le même que celui de la Suède; seulement il est encore plus montagneux, et couvert de plus grandes forêts de ces bois résineux et propres à la navigation, qui composent sa première richesse. La température de ce pays est excessivement froide et rigoureuse. On divise la Norwège en cinq parties, qui sont : l'*Aggerhus* ou *Christiania*, le *Drontheim*, le *Bergenhus*, le *Christiansand* et le *Nordland*.

Christiania, sur la baie d'*Anslo*, est regardée comme la capitale de la Norwège; sa position, avec un port excellent, fait de cette ville le centre de tout le commerce des contrées plus au nord. Elle renferme 14,000 habitans.

A peu de distance des côtes de la Norwège, et au-delà du cercle polaire, au sud des îles *Loffoden*, se trouve le gouffre de *Mael-Stroom*, dans lequel on prétend que les vaisseaux sont entraînés et engloutis d'une distance de six lieues.

La Suède possède un grand nombre d'îles sur ses côtes, telles que les îles de *Gottland*, *Waagen*, *Vegen*, etc.; et en Amérique, l'île de *Saint-Barthélemy*, dans les Antilles, à laquelle on donne une population de 18,000 habitans.

RUSSIE D'EUROPE.

Le territoire de la Russie d'Europe compose à peine le cinquième de l'étendue de ce vaste empire, dont les possessions, dans les trois parties du monde (Europe, Asie et Amérique) occupent la neuvième partie des terres habitées, et la vingt-huitième de tout le globe. On évalue la superficie qu'il embrasse à 995,296 lieues carrées, et sa population totale à 59,263,700 habitans; dans cette population, l'Europe seule compte environ 55 millions d'habitans, et y comprenant la Pologne, sur une surface de 204,069 lieues carrées, étendue à peu près égale à celle de tout le reste de l'Europe. C'est de cette dernière partie seulement que nous avons à traiter.

La Russie d'Europe est bornée au nord par l'Océan glacial, au sud par la mer Noire, la mer Caspienne, la Perse et la Turquie, à l'est par les monts Ourals, qui séparent l'Europe de l'Asie; et à l'ouest par la Suède, la mer Baltique, le golfe de Bothnie et la Prusse. Elle s'étend en longitude depuis le 16° 40' jusqu'au 80°, à l'est du méridien de Paris; et en latitude nord, depuis le 43° 30' jusqu'au 60°; et y comprenant la Nouvelle-Zemble, jusqu'au 76°; ce qui présente une longueur de 650 lieues sur 360 de largeur.

La température des provinces du nord de la Russie est une des plus froides de l'Europe, et le sol en est peu fertile; celles du sud jouissent d'un climat plus doux et plus agréable, et produisent abondamment de quoi fournir aux besoins et aux agrémens de la vie. Les montagnes contiennent des mines de toutes sortes de métaux, dont plusieurs sont exploitées activement.

Sans être entièrement au niveau des autres nations polices de l'Europe, on peut dire que les Russes ont fait d'immenses progrès dans la carrière de la civilisation, mais seulement depuis le règne du czar Pierre-le-Grand, qui le premier donna l'impulsion que ses successeurs ont favorisée de tous leurs efforts. Avant cette époque mémorable, la Russie restait ensevelie dans l'obscurité et la barbarie. Toutefois il est bon de remarquer que cette civilisation ne se fait encore sentir que parmi certaines classes de la nation, et que le bas peuple, soumis à la dépendance des nobles, qui le tiennent en servitude, est encore plongé dans sa grossièreté originelle.

Cet empire est composé du mélange d'une multitude de peuples divers, parmi lesquels on distingue trois races principales, les Russes, les Finnois et les Slaves.

La forme de gouvernement est l'aristocratie absolue; le pouvoir appartient exclusivement à l'Empereur ou Czar, dont l'autorité suprême est à peine limitée par celle d'un sénat. La couronne est héréditaire pour les hommes et pour les femmes indistinctement.

L'ancien schisme qui occasiona la division des églises grecque et romaine s'est conservé parmi les Russes, et forme la religion de l'État. Un grand nombre des provinces du sud professent le mahométisme.

La Russie entretient un commerce considérable, mais qui n'est cependant pas en proportion avec l'étendue immense de cette contrée. Il consiste principalement dans l'exportation des grains, pelleteries, bois de construction, suifs, fers, en échange d'objets de luxe qui lui manquent, et de denrées coloniales.

Les agrandissemens progressifs de cet empire en Europe ont apporté de fréquens changemens dans ses divisions intérieures. Sans comprendre la Pologne, qui fait partie de l'empire russe, gouvernée par un vice-roi nommé par l'Empereur, la Russie se divise en cinquante-trois gouvernemens, distribués de la manière indiquée par le tableau suivant :

Gouvernemens	Population	Capitales	Population
Pétersbourg	761,000	Pétersbourg	305,000
Finlande	1,118,000	Helsingfors	8,000
Esthonie	300,000	Revel	12,000
Livonie	726,000	Riga	35,000
Courlande	585,500	Mittau	10,000
Moskou	1,307,000	Moskou	250,000
Smolensk	1,003,000	Smolensk	12,000
Pskow	787,000	Pskow	10,000
Twer	1,282,000	Twer	14,000
Novogorod	932,500	Novogorod	8,000
Olonetz	265,500	Petrosawodsk	3,500
Arkhangel	305,000	Archangel	12,000
Vologda	812,000	Vologda	10,000
Jaroslaw	1,128,000	Jaroslaw	28,000
Kostroma	1,234,000	Kostroma	8,000
Wladimir	1,131,500	Wladimir	1,500
Nijnei-novgorod	1,304,000	Nijnei-novgorod	15,000
Tambow	1,150,000	Tambow	10,000
Riasan	1,108,000	Riasan	15,000
Tula	1,109,500	Tula	32,000

Gouvernemens	Population	Capitales	Population
Kaluga	1,300,000	Kaluga	28,000
Orel	1,309,500	Orel	22,000
Koursk	1,385,000	Koursk	12,000
Woronège	1,118,500	Woronège	11,000
Kiew	1,182,000	Kiew	40,000
Tchernigow	1,150,000	Tchernigow	8,000
Pultawa	1,457,500	Pultawa	10,000
Ukraine	965,000	Kharkow	15,000
Iekaterinoslaw	620,000	Iekaterinoslaw	8,000
Kherson	363,500	Kherson	10,000
Tauride	365,500	Simferopol	7,000
Charques	367,500	Tcherkask	15,000
Bessarabie	325,000	Kholm	8,000
Wilna	1,307,500	Wilna	25,000
Grodno	809,000	Grodno	5,000
Bialystock	234,500	Bialystock	6,000
Witepsck	931,000	Witepsck	7,000
Mohilew	976,500	Mohilew	10,000
Minsk	1,026,000	Minsk	4,000
Wolhynie	1,360,500	Shitomir	5,500
Podolie	1,421,000	Kamenez	5,628
Astrakhan	963,500	Astrakhan	30,000
Saratow	1,226,000	Saratow	12,000
Orembourg	1,717,500	Ufa	6,000
Georgie	180,500	Georgiewsk	3,000
Géorgie	365,000	Tiflis	18,000
Imérétie	270,500	Kutais	10,000
Circassie	525,000	Teberkask	8,000
Kasan	1,226,500	Kasan	15,000
Wiatka	1,296,500	Wiatka	13,000
Perm	1,209,000	Perm	6,000
Simbirsk	1,091,500	Simbirsk	15,000
Penza	1,085,000	Penza	11,000

Pétersbourg, capitale de l'Empire et résidence de l'empereur, fut construite en 1703 sur plusieurs îles formées par la Néwa, par Pierre-le-Grand, dont cette ville porte le nom. Sa position près du golfe de Finlande est favorable à son commerce, qui est considérable. Parmi les monumens que renferme cette grande ville, on admire surtout la belle statue colossale en bronze de son fondateur, élevée sur un bloc énorme de granit, dont le transport d'une distance éloignée coûta des peines infinies. Cette statue est l'ouvrage de Falconnet, que l'impératrice Catherine II fit venir exprès de la France.

Moskou, capitale de l'ancienne Moskovie, a été entièrement rebâtie depuis l'incendie qui la consuma en 1812, lors de l'invasion des Français. Aux magnifiques édifices que renfermait alors cette ville opulente, et qui devinrent la proie des flammes, en ont succédé d'autres plus riches encore ; les maisons ont été relevées avec plus de régularité, et la ville a repris en grande partie sa première splendeur.

Riga, à l'embouchure de la Dwina, dans le golfe de Livonie, est, après Pétersbourg, la ville la plus commerçante de la Russie. Cette ville a soutenu six sièges mémorables, et en dernier lieu contre les Français en 1812. Elle appartenait anciennement avec sa province à la Suède, qui la perdit à la suite de la funeste bataille de Pultawa.

Astrakhan, bâtie sur une des îles formées par les branches du Volga, est la plus riche de l'Empire par ses manufactures d'étoffes de soie et de coton; et son commerce est alimenté par celui de la Perse et autres États voisins, auxquels elle sert d'entrepôt. La plupart des maisons sont en bois; en 1787, un incendie en détruisit une grande partie.

Arkhangelsk, sur la Dwina, près de la mer Blanche, est le centre du commerce des provinces du nord, qui y apportent principalement des pelleteries et du bois.

Les îles principales que possède la Russie en Europe sont, dans la mer Baltique: les îles d'*Aland*, qui font partie de la Finlande, cédées par la Suède en 1809; *Dago* et *Oesel*, dans le golfe de Livonie.

Dans la mer Glaciale, les îles de *Kolgouef* et de la *Nouvelle-Zemble*, fréquentées seulement des Samoïèdes et des Russes dans la saison favorable à la pêche; et l'île de *Waigatch*, séparée du continent par le détroit qui porte le même nom.

FRANCE.

Cet État, l'un des plus importans de l'Europe et du monde entier par sa puissance et ses richesses en tous genres, est situé dans la zone tempérée de l'hémisphère septentrional, entre le 6° de longitude est, et le 7° de longitude ouest (méridien de Paris), et depuis 42° 30' jusqu'à 51° 50' de latitude nord. Cette position en rend le climat doux et agréable, et le défend des grands froids comme des chaleurs excessives. La France est bornée au nord et nord-est par les Pays-Bas et les États de la Confédération germanique; au sud, par la chaîne des Pyrénées et la Méditerranée; à l'est, par les Confédérations suisse et germanique, et par le royaume de Sardaigne; à l'ouest, par l'Océan atlantique.

Ces limites ont beaucoup varié aux différentes époques de la monarchie française, selon les divers événemens politiques qu'a éprouvés ce royaume. Avant les changemens introduits par la révolution dans ses divisions administratives, la France était partagée en 32 gouvernemens ou provinces, plus ou moins étendus, suivant qu'ils avaient appartenu dans l'origine à des seigneurs plus ou moins puissans. La révolution, en réformant les abus qui résultaient de cette disparité de divisions, et abolissant des priviléges qui ne s'étendaient pas à tous généralement, soumit toute la France à une division territoriale à peu près régulière et uniforme, en la partageant par départemens. Les rapides conquêtes de la République et de l'Empire agrandirent considérablement le territoire français jeté se trouva augmenté de la presque totalité de l'Italie, de la Hollande et des Pays-Bas, et des provinces Rhénanes, qui appartiennent aujourd'hui à la Prusse; et comptait jusqu'à 134 départemens, tous régis par les mêmes lois et soumis au même mode d'administration. Les traités de 1814 et 1815, en ramenant un nouvel ordre de choses, ont rétabli la France dans ses anciennes limites; elle ne compte plus que 86 départemens, généralement désignés par les noms des rivières ou des montagnes qui les traversent, ou par l'indication d'une localité particulière, subdivisés en arrondissemens, cantons et communes, et répartis en 21 divisions militaires, et 27 Cours royales pour l'ordre judiciaire.

On évalue la superficie totale de la France, en y comprenant l'île de Corse, qui compose un département, à environ 27,000 lieues carrées, et sa population, d'après le dernier recensement fait en 1827, s'élève à 32,877,553 habitans.

Les productions naturelles du sol varient à l'infini; elles consistent principalement en grains de toute espèce, vins estimés, qui composent une branche importante de la richesse nationale, fruits, chanvre, lin, bois, légumes, fourrages; tous les départemens, sans exception, possèdent des mines plus ou moins abondantes de fer ou autres métaux; un grand nombre exploitent des carrières de marbre. L'industrie, soutenue par le commerce, et éclairée par les continuels progrès de la science, s'est élevée à un point de perfection qui ne le cède à aucune autre nation, et même obtient la supériorité sous plus d'un rapport, comme dans les soieries, les tapisseries, les porcelaines, et la fabrique des papiers. On évalue l'exportation des produits industriels de la France à 260 millions par année.

Le sol intérieur est assez généralement coupé de montagnes, mais les masses principales s'étendent à l'est et au sud, et composent cinq chaînes à peu près distinctes: 1° les *Pyrénées* au sud, qui forment la ligne séparative de la France et de l'Espagne, et s'étendent de l'Océan à la Méditerranée; 2° au sud-est, les *Alpes*, qui s'échappent des grands plateaux de la Suisse et du Piémont, et dont quelques branches seulement s'étendent sur le territoire de la France; 3° le *Jura*, que l'on peut regarder comme un prolongement des Alpes, dont il semble former les premiers échelons; 4° les *Cévennes*, à l'ouest du Rhône; 5° et les *Vosges*, dont la direction, dans une étendue de plus de 25 lieues, dessine une chaîne à peu près parallèle au cours du Rhin et aux *Montagnes-Noires*, qui bordent ce fleuve du côté de l'Allemagne.

Hauteur mesurée de quelques points les plus élevés des montagnes intérieures.

Mont-Ventoux (Vaucluse)	2,030 mètres	6,249 pieds
Mont d'Or (Jura)	1,782	5,486
Picon du Cantal	1,887	5,776
Le Mezen (Corrèze)	1,763	5,428
La Louère (Corrèze)	1,100	3,385
Puy-de-Dôme	1,467	4,516
Le Ballon (Vosges)	1,403	4,319

Ces montagnes et leurs ramifications forment quatre grands bassins, dans lesquels coulent autant de fleuves, grossis par les eaux de toutes les rivières qui arrosent la France, à l'exception de celles qui se jettent directement dans la mer. Ces bassins sont ceux du *Rhône*, de la *Garonne*, de la *Seine* et de la *Loire* : on ne parle pas ici du Rhin, qui est, pour ainsi dire, étranger à la France, dont il ne fait que limiter une partie du territoire à l'est. Le *Rhône* descend des Alpes, et se porte avec ses affluens sur la Méditerranée, où il finit son cours de 160 lieues; la *Garonne* prend sa source dans les Pyrénées, et débouche, après avoir parcouru un espace de 110 lieues, dans l'Océan, au-dessous de Bordeaux, où elle prend le nom de *Gironde*; l'Océan reçoit de même la *Loire* et la *Seine*, qui toutes deux prennent leurs sources dans les plateaux de l'intérieur, et parcourent, la Loire 190 lieues, et la Seine 150. Qu'on ajoute à ces quatre grandes rivières 109 autres également navigables, mais d'une moindre étendue, plus de 5,000 petites rivières et ruisseaux qui arrosent le territoire dans toutes les directions, et environ 80 grands canaux, creusés pour établir des communications entre les principales rivières et compléter la navigation intérieure, et l'on aura l'aperçu du grand nombre de cours d'eau dont la France est arrosée.

L'administration du royaume appartient au Roi, qui gouverne d'après les lois sanctionnées par le concours des trois pouvoirs de l'État, la *Chambre des Députés*, composée de 430 membres, élus par les départemens, la *Chambre des Pairs*, dont le nombre est illimité, et le *Roi*. Le droit de succession à la couronne est héréditaire, et réservé aux mâles seuls. Une *Charte constitutionnelle*, un pacte d'union entre le souverain et ses sujets, garantit à la nation l'inviolabilité des droits de chacun des membres qui la composent. La religion catholique est la religion de l'État, et la plus généralement professée; néanmoins tous les cultes religieux y sont exercés avec la même liberté, et jouissent de la même protection.

Tableau synoptique et comparatif des Départemens de la France, par ordre alphabétique.

Nota. Pour la population des Départemens et de leurs chefs-lieux, on a suivi l'indication donnée par l'Ordonnance du 28 mai 1827.

Noms des Départemens	Population	Chef-lieu de Département	Population du Chef-lieu		Nombre de Cantons	Nombre de Communes
Ain	341,608	Bourg	7,571	5	35	444
Aisne	469,267	Laon	7,905	5	37	838
Allier	286,299	Moulins	14,052	3	28	316
Alpes (basses)	152,666	Digne	5,519	5	28	259
Alpes (hautes)	125,340	Gap	7,012	3	24	189
Ardèche	329,419	Privas	3,210	3	31	339
Ardennes	281,624	Mézières	3,657	5	28	500
Ariège	237,961	Foix	5,154	3	20	339
Aube	235,250	Troyes	25,001	5	26	440
Aude	260,591	Carcassonne	15,375	4	31	437
Aveyron	339,015	Rhodez	9,385	5	40	308
Bouches-du-Rhône	326,822	Marseille	106,221	3	29	108
Calvados	500,093	Caen	39,194	6	37	903
Cantal	246,645	Aurillac	10,513	4	23	267
Charente	352,203	Angoulême	16,033	5	29	457
Charente Infér.	424,447	La Rochelle	16,100	6	40	473
Cher	245,589	Bourges	17,574	3	29	294
Corrèze	281,860	Tulle	9,074	3	29	284
Corse	180,073	Ajaccio	7,476	5	61	364
Côte-d'Or	374,510	Dijon	23,007	4	36	717
Côtes-du-Nord	586,616	Saint-Brieuc	9,058	5	45	379
Creuse	250,650	Guéret	4,201	4	25	266
Dordogne	464,271	Périgueux	9,495	5	47	631
Doubs	223,537	Besançon	26,972	4	27	635
Drôme	263,608	Valence	9,530	4	29	363
Eure	413,393	Evreux	9,020	5	36	882
Eure-et-Loire	269,950	Chartres	12,950	4	24	469
Finistère	491,228	Quimper	9,007	5	43	289
Gard	347,592	Nîmes	39,594	4	34	348
Garonne (Haute)	400,078	Toulouse	52,179	4	39	585
Gers	312,260	Auch	8,955	5	29	617
Gironde	532,553	Bordeaux	89,049	6	48	555
Hérault	309,369	Montpellier	35,120	4	36	327
Ille-et-Vilaine	532,962	Rennes	27,076	6	43	351
Indre	228,309	Châteauroux	11,529	4	24	236
Indre-et-Loire	250,110	Tours	22,253	3	24	258
Isère	523,481	Grenoble	22,325	4	45	562
Jura	303,385	Lons-le-Saulnier	8,320	4	32	567
Landes	237,849	Mont-de-Marsan	3,373	3	30	335
Loire-et-Cher	220,400	Blois	13,018	3	24	290
Loire	350,000	Montbrison	5,574	3	28	331
Loire (Haute)	285,975	Le Puy	7,616	3	27	268
Loire Inférieure	440,290	Nantes	77,992	5	44	239
Loiret	280,576	Orléans	40,380	4	31	334
Lot	285,578	Cahors	12,816	3	29	314
Lot-et-Garonne	330,850	Agen	11,477	4	35	358
Lozère	138,377	Mende	5,234	3	24	194
Maine-et-Loire	438,917	Angers	30,474	5	34	378

Notices statistiques abrégées sur chacun des Départemens.

1. AIN. Le sol de ce département, voisin de la Suisse, est couvert, dans une grande partie de son étendue, par les montagnes du Jura; on y compte une multitude d'étangs, qui dans l'été sont mis à sec pour être rendus à la culture, et dans l'hiver fournissent abondamment de poisson. Les productions principales du sol sont le blé, le vin, le chanvre, le maïs.

Bourg, chef-lieu, était la capitale de l'ancienne Bresse; les volailles que nourrit cette ville et ses environs sont recherchées pour leur délicatesse : 8,424 habitans.—Chefs-lieux d'arrondissemens : *Gex, Trévoux, Belley, Nantua.*

2. AISNE. Ce département entretient un commerce très-actif, alimenté par les produits des nombreuses manufactures qu'il renferme, et parmi lesquelles on distingue surtout ses belles manufactures de glaces et ses fabriques de toiles ; il est très-fertile en toutes sortes de grains, surtout en blé, et la culture des légumes destinés à la capitale occupe des communes entières.

Laon, chef-lieu, ville forte, bâtie sur une hauteur escarpée : 7,354 habitans.—Chefs-lieux d'arrondissemens : *S.-Quentin, Vervins, Soissons, Château-Thierry.*

3. ALLIER. Le sol en est varié et productif; il renferme des vignobles étendus et d'excellens pâturages, et quelques sources d'eaux minérales, ainsi que des mines de fer, de plomb et d'étain, et des carrières de marbre et de granit.

Moulins, chef-lieu, grande et belle ville sur l'Allier, était la capitale de l'ancien Bourbonnais : on y remarque un beau pont, et la caserne de cavalerie : 14,525 habitans.—Chefs-lieux d'arrondissemens : *Montluçon, Gannat, Lapalisse.*

4. ALPES (*basses-*). Département qui avoisine le Piémont, traversé par les Alpes, dans lesquelles on trouve des mines de plusieurs métaux, et des sources d'eaux minérales; l'industrie offre peu de ressources aux habitans, et les produits agricoles ne peuvent suffire à la consommation.

Digne, chef-lieu, petite ville sur la Bléone, n'offre de remarquable que les bains d'eaux thermales que l'on trouve à quelque distance de la ville : 3,955 habitans.—Chefs-lieux d'arrondissemens : *Barcelonette, Forcalquier, Castellane, Sisteron.*

5. ALPES (*hautes-*). Ce département, limitrophe du précédent, est aussi peu favorisé sous le rapport de la fertilité naturelle. On y trouve

des mines de cuivre, fer, zinc, antimoine; et le commerce en tire des laines, fromages, etc.

Gap, chef-lieu, ville peu considérable et mal bâtie, sur les ruisseaux de Bonne et de la Laye; on y admire le mausolée du maréchal Lesdiguières; 7,015 habitans. — Chefs-lieux d'arrondissement : *Embrun*, *Briançon*.

6. ARDÈCHE. Formé en grande partie du territoire de l'ancien Vivarais, ce département est divisé en deux parties par les Cévennes, dont plusieurs plateaux présentent des traces volcaniques, et offrent les vues les plus pittoresques, et un grand nombre de curiosités naturelles. Le sol, quoique généralement peu fertile, est bien cultivé, et produit du seigle d'une excellente qualité; les châtaignes, que l'on y recueille abondamment, s'exportent au loin; ses vins sont estimés, et d'excellens pâturages nourrissent de très-beaux bœufs. Sous le rapport de l'industrie, les papeteries, qui sont les plus renommées de la France, et l'éducation des vers à soie, tiennent le premier rang.

Privas, chef-lieu, sur l'Oudèze, n'est qu'une bien petite ville qui possède quelques fabriques de soieries : 4,193 habitans. — Chefs-lieux d'arrondissemens : *L'Argentière*, *Tournon*.

7. ARDENNES. Les produits manufacturiers de ce département composent sa plus grande richesse, et jouissent d'une réputation méritée, surtout ses fabriques de draps et ses manufactures d'armes à feu ; on y trouve des mines de plomb, de houille et surtout de fer, qui emploient un grand nombre de forges et de fonderies.

Mézières, place de guerre, sur la Meuse, est le chef-lieu des Ardennes : 4,159 habitans. —Chefs-lieux d'arrondissemens : *Sedan*, *Rocroy*, *Rethel*, *Vouziers*.

8. ARRIÈGE. Ce département, que les Pyrénées séparent de l'Espagne, est entrecoupé de montagnes, dans lesquelles on trouve de riches mines de fer et d'autres métaux, ainsi que d'immenses carrières de marbre, plâtre, etc., et des sources d'eaux minérales ; il nourrit une très-grande quantité de bestiaux, dont la vente présente au commerce une branche féconde de richesses.

Foix, chef-lieu, ville très-ancienne, sur l'Arriège, était la capitale de l'ancien comté de son nom : 4,058 habitans. — Chefs-lieux d'arrondissemens : *Pamiers*, *St.-Girons*.

9. AUBE. Département divisé en deux parties distinctes; l'une au nord et à l'est, absolument stérile, comprend une partie de l'ancienne Champagne pouilleuse; l'autre, à l'ouest et au sud, jouit d'une assez grande fertilité. La laine, la cire et le miel composent les branches les plus productives de ce département, qui entretient, depuis plusieurs siècles, des fabriques de laine, d'étoffes et de bonneterie renommées.

Troyes, chef-lieu, sur la Seine, ville ancienne et commerçante, presque entièrement bâtie en bois, et d'une construction peu agréable ; on y remarque cependant plusieurs beaux édifices, entre autres quatre églises d'ordre gothique. Cette ville possède un grand nombre de manufactures de draps et de coton : 23,587 habitans. — Chefs-lieux d'arrondissemens : *Bar-sur-Aube*, *Bar-sur-Seine*, *Arcis-sur-Aube*, *Nogent-sur-Seine*.

10. AUDE. Ce département est fertile, surtout en blés et en vins; ses montagnes renferment des eaux minérales ; on y trouve des mines de fer et de cuivre; le commerce en exporte des bêtes à laine, du vin, des huiles d'olive, des eaux-de-vie, et du miel estimé.

Carcassonne, chef-lieu, sur l'Aude, qui partage la ville en deux, occupe un grand nombre de filatures de laine et de manufactures de draps: 17,755 habitans. —Chefs-lieux d'arrondissemens : *Castelnaudary*, *Limoux*, *Narbonne*.

11. AVEYRON. Le sol de ce département est généralement élevé et montagneux, et en grande partie inculte ; aussi les récoltes sont-elles insuffisantes pour les besoins de la consommation; on y exploite des mines abondantes de houille, de fer, cuivre et plomb, ainsi que des carrières de plâtre, d'alun, et même de marbre. Le commerce s'étend principalement sur les étoffes de laine, les mulets et les bestiaux de toutes sortes.

Rodez, chef-lieu, sur l'Aveyron, capitale de l'ancien Rouergue : 7,947 habitans. — Chefs-lieux d'arrondissemens : *Espalion*, *Milhaud*, *St.-Afrique*, *Villefranche*.

12. BOUCHES-DU-RHONE. L'intérieur de ce département, occupé par un grand nombre d'étangs, ou coupé par des montagnes rocailleuses, est loin de suffire, par ses productions en blé, aux besoins des habitans. Ce qu'on y recueille principalement, et dont le commerce tire un plus grand parti, ce sont les huiles, les olives, le miel, la soie, le savon, les vins, liqueurs, parfums; on y trouve des carrières de houille, de plâtre, et d'un très-beau marbre.

Marseille, chef-lieu, ville d'une haute antiquité, et de tout temps célèbre par son commerce et sa splendeur, possède un beau port sur la Méditerranée. On y compte un grand nombre d'établissemens industriels, et d'édifices remarquables. On distingue, parmi ces derniers, la Cathédrale, le Grand-Théâtre, la Bourse, l'Arsenal, etc. : 115,953 habitans. — Chefs-lieux d'arrondissemens : *Aix*, *Arles*.

13. CALVADOS. La position de ce département, le long des côtes de l'Océan, et sa fertilité en toutes sortes de productions, concourent à le rendre un des plus riches de la France. Il nourrit d'excellentes races de bestiaux, et son commerce est alimenté par les produits de ses nombreuses manufactures, autant que par les produits du sol.

Caen, chef-lieu, grande et belle ville, au confluent de l'Orne et de l'Odon, possède, avec plusieurs édifices remarquables, de riches manufactures et d'utiles établissemens publics ; 38,761 habitans. — Chefs-lieux d'arrondissemens : *Lisieux*, *Bayeux*, *Falaise*, *Vire*, *Pont-l'Évêque*.

14. CANTAL. Ce département, qui emprunte son nom d'un groupe de montagnes qui en occupent le centre, et dont plusieurs s'élèvent à une hauteur assez considérable, est en général peu fertile ; mais il offre des pâturages excellens qui nourrissent une immense quantité de bestiaux, dont le lait se convertit en fromages recherchés. L'industrie et le commerce n'y ont qu'une faible importance, et une grande partie de la population émigre annuellement dans les départemens voisins.

Aurillac, chef-lieu, ville bien bâtie sur la Jordane, fait un commerce considérable de mulets et autres bestiaux, d'ustensiles en fer, cuivre, etc. ; 9,596 habitans. — Chefs-lieux d'arrondissemens : *Maurice*, *Murat*, *St.-Flour*.

15. CHARENTE. La moitié seulement des terres de ce département est livrée à la culture ; le reste ne représente qu'un sol inégal et aride ; il renferme des mines de fer, des carrières de pierres meulières et de plâtre, et le commerce s'étend principalement sur les vins et les eaux-de-vie, qui sont renommés, et dont il se fait une exportation considérable en France et à l'étranger.

Angoulême, chef-lieu, sur une élévation dont la Charente baigne le pied, possède une école de marine, des papeteries estimées, et une fonderie de canons ; 15,306 habitans. — Chefs-lieux d'arrondissemens : *Barbezieux*, *Cognac*, *Ruffec*, *Confolens*.

16. CHARENTE-INFÉRIEURE, à l'ouest du précédent. Ce département est riche par sa fertilité naturelle, son industrie et son commerce, que favorise sa position le long des côtes de l'Océan. Ses productions principales sont les vins, dont la majeure partie est convertie en eaux-de-vie, qui forment, avec l'exploitation de plusieurs marais salans, la plus grande richesse du pays.

La Rochelle, chef-lieu, ville riche et commerçante, avec un excellent port maritime, défendu par des fortifications, est célèbre par la résistance vigoureuse que les protestans, enfermés dans ses murs, opposèrent en 1628 aux efforts du cardinal de Richelieu ; 11,073 habitans. — Chefs-lieux d'arrondissemens : *Jonzac*, *Marennes*, *Saintes*, *St.-Jean-d'Angely*, *Rochefort*.

17. CHER. Le sol de ce département, qui n'offre que de légères élévations, est très-fertile à l'est, mais peu productif dans la partie nord ; on en tire des vins assez renommés, et les bestiaux qu'on y élève sont estimés pour la finesse de leur laine. On exploite des mines de houille, de manganèse et de fer ; ces dernières surtout occupent activement l'industrie, et entretiennent un grand nombre de fourneaux.

Bourges, chef-lieu, ville grande et très-ancienne, sur l'Auron, renferme plusieurs beaux édifices, tels que la Cathédrale, qui est un chef-d'œuvre d'architecture gothique, l'Archevêché, l'Hôtel-de-Ville ; 19,500 habitans. — Chefs-lieux d'arrondissemens : *St.-Amand*, *Sancerre*.

18. CORRÈZE. Les productions de ce département, dont le sol montagneux est en grande partie couvert de landes et de bruyères, sont assez bornées ; le seigle y remplace le froment, qu'on n'y recueille qu'en petite quantité. On y découvre des mines abondantes de houille, et des carrières d'un beau granit, d'albâtre et de porphyre, et il s'y fait un grand commerce de chevaux limousins estimés.

Tulle, chef-lieu, bâtie sur une montagne, près de la Corrèze. On y fabriquait autrefois une sorte de dentelle connue sous le nom de cette ville ; 8,579 habitans. — Chefs-lieux d'arrondissemens : *Brives*, *Ussel*.

19. CORSE. Cette île de la Méditerranée, située au sud-est de la France, forme un département de ce royaume, auquel elle est restée incorporée depuis 1768. Quoique hérissé dans tous les sens de montagnes élevées, dont les flancs sont couverts de belles forêts, le sol en est généralement fertile, mais mal cultivé ; l'insouciance de ses habitans néglige de même l'industrie et le commerce, qui n'offrent que de médiocres ressources, et se réduisent à peu près aux seuls besoins de la vie.

Ajaccio, chef-lieu, sur le golfe qui prend le même nom, offre un excellent port au commerce. Cette ville a donné le jour à Napoléon ; 7,658 habitans. — Chefs-lieux d'arrondissemens : *Bastia*, *Calvi*, *Corte*, *Sartène*.

20. CÔTE-D'OR. Ainsi nommé d'une chaîne de collines qui s'étend au centre, ce département abonde en excellens vignobles qui composent

en grande partie sa richesse; les plus renommés sont ceux de *Pomard*, *Volnay*, *Clos-Vougeot*, *Chambertin*. L'industrie et le commerce y jouissent d'un état prospère. Ce département possède des mines de fer, dont l'exploitation alimente un grand nombre de fourneaux.

Dijon, chef-lieu, sur la Saôn, ancienne capitale du duché de Bourgogne, est une grande et belle ville, remarquable par ses beaux édifices, et surtout par le magnifique Palais des anciens ducs et l'église de Saint-Bénigne; elle possède plusieurs institutions de lettres et de sciences : 23,847 habitans. — Chefs-lieux d'arrondissemens : *Beaune*, *Châtillon*, *Semur*.

21. CÔTES-DU-NORD. Les productions de ce département consistent principalement en blé, maïs et fruits à cidre ; les terres voisines des côtes de la mer présentent une grande fertilité, tandis que celles qui s'en éloignent sont coupées de landes à peu près stériles. On y fabrique beaucoup de toiles estimées, connues sous le nom de *toiles de Bretagne*, et le commerce en tire de très-bons chevaux.

Saint-Brieuc, chef-lieu, est une ville agréable et commerçante; son port en est distant d'un quart de lieue : 9,963 habitans. — Chefs-lieux d'arrondissemens : *Dinan*, *Guingamp*, *Lannion*, *Loudéac*.

22. CREUSE. Ce département est aussi peu favorisé sous le rapport de la fertilité, à laquelle s'opposent la nature et la disposition du sol, que sous le rapport du commerce, qui se trouve restreint à un petit nombre de produits industriels, parmi lesquels les belles manufactures de tapisseries à hautes lices d'Aubusson tiennent le premier rang.

Guéret, chef-lieu, près de la Gartempe, sur le penchant d'une montagne, n'est qu'une petite ville de peu d'importance : 4,448 habitans. — Chefs-lieux d'arrondissemens : *Aubusson*, *Bourganeuf*, *Boussac*.

23. DORDOGNE. La situation montagneuse de ce département, entrecoupé d'une multitude d'étangs, offre peu de ressources pour la culture des céréales, qu'il ne produit qu'en insuffisante quantité. On en tire du bestiaux, du gibier, des vins et d'excellentes truffes; des mines abondantes fournissent de très-bon fer, du manganèse, de la houille, du plomb, du cuivre; on y trouve aussi des carrières de marbre, granit et ardoises.

Périgueux, chef-lieu, sur l'Isle et la Vézère. Cette ville est renommée pour ses nombreuses exportations de comestibles truffés en tout genre. — Chefs-lieux d'arrondissemens : *Bergerac*, *Nontron*, *Ribérac*, *Sarlat*.

24. DOUBS. La chaîne du Jura, qui se prolonge sur une grande étendue de ce département, en rend le sol montagneux et peu fertile en grains; mais il offre de très-bons pâturages. On y trouve des mines très-riches en fer, et des salines abondantes; l'industrie embrasse surtout l'horlogerie et la fonderie des fers, et le commerce y joint l'exploitation des draps, dentelles, papiers.

Besançon, chef-lieu, grande et belle ville sur le Doubs, entourée de fortifications, acquiert une nouvelle importance de sa proximité de la frontière; les nombreuses ruines que renferme cette ville attestent son ancienneté : 28,793 habitans. — Chefs-lieux d'arrondissemens : *Baume-les-Dames*, *Montbéliard*, *Pontarlier*.

25. DRÔME. La vigne, l'olivier et le mûrier forment la principale culture dans ce département, qui ne produit pas assez de grains pour la consommation de ses habitans; il fournit du bois, de la garance, des vins estimés, des huiles et de la soie, dont le cours du Rhône à travers ce département favorise l'exportation. On y trouve des carrières de granit, de basalte et de plâtre.

Valence, chef-lieu, bâtie dans une position avantageuse sur le Rhône, possède une école d'artillerie et quelques beaux édifices; cette ville date d'une haute antiquité : 10,483 habitans. — Chefs-lieux d'arrondissemens : *Die*, *Montélimart*, *Nions*.

26. EURE. Ce département, l'un des plus fertiles du royaume, produit de tout en abondance, excepté du vin; il renferme des manufactures considérables de draps, et un grand nombre de forges établies pour l'exploitation d'abondantes mines de fer, qui, avec les produits des tanneries et la vente des bestiaux gras, composent la plus grande richesse de l'Eure.

Évreux, chef-lieu, ville fort ancienne, sur l'Iton, possède de riches fabriques d'étoffes, on admire, comme monument curieux d'architecture gothique, sa belle Cathédrale; 9,729 habitans. — Chefs-lieux d'arrondissemens : *Les Andelys*, *Bernay*, *Louviers*, *Pont-Audemer*.

27. EURE-ET-LOIR. Comme le précédent, ce département est remarquable par sa grande fertilité : aussi est-il presque entièrement consacré à la culture des céréales, et l'on évalue à 600 mille quintaux l'exportation de grains qui s'en fait annuellement; on y élève aussi beaucoup de bêtes à laine.

Chartres, chef-lieu, sur l'Eure, était la capitale de l'ancienne Beauce; sa belle Cathédrale, qui passe pour un chef-d'œuvre d'ordre gothique, est une des plus belles de France : cette ville sert d'entrepôt au commerce des blés de tout le département : 13,700 habitans. — Chefs-lieux d'arrondissemens : *Châteaudun*, *Dreux*, *Nogent-le-Rotrou*.

28. FINISTÈRE. Entièrement fermé à l'ouest par l'Océan, ce département trouve dans le voisinage de la mer, dont les côtes sont très-poissonneuses, une source inépuisable de commerce ; le sol en est d'ailleurs fertile ; on y rencontre des mines de houille, de fer, et surtout de plomb, ainsi que des carrières de grès et d'ardoises ; les sources minérales y sont assez communes, on en tire des toiles et du miel.

Quimper, chef-lieu, avec un port commerçant, au confluent de l'Odet et du Steïr, à 4 lieues de la mer, doit à son importance moins qu'à sa position d'avoir été choisi pour former le siège principal du département, 10,023 habitans. — Chefs-lieux d'arrondissemens : *Brest, Châteaulin, Morlaix, Quimperlé*.

L'île d'*Ouessant*, près de laquelle se livra, en 1778, un combat entre les flottes française et anglaise, fait partie du Finistère.

29. GARD. Malgré la fertilité de plusieurs parties de ce département, les céréales que l'on y récolte sont loin de suffire aux besoins des habitans. On y recueille de bons vins, des olives, et de toutes sortes de fruits appropriés à sa position méridionale, que la calamètre répand dans toute la France, avec les laines, la soie, etc.

Nîmes, chef-lieu, ville grande et de fondation romaine, est rempli de monumens antiques et de beaux édifices modernes. 39,088 habitans. — Chefs-lieux d'arrondissemens : *Alais, Uzès, Le Vigan*.

30. GARONNE (*Haute-*). Les Pyrénées, qui terminent ce département du côté de l'Espagne, sont en grande partie couvertes de bois, et renferment plusieurs sortes de minéraux ; vers le nord, s'étendent des plaines riches et fertiles, où l'on recueille abondamment du blé et du vin ; ces produits naturels, unis à ceux d'une industrie florissante, composent les principales richesses du pays.

Toulouse, chef-lieu, sur la Garonne, ville grande et agréablement située, formait la capitale de l'ancien Languedoc ; elle est remarquable par la beauté de ses édifices, et par le nombre de ses divers établissemens ; 53,319 habitans. — Chefs-lieux d'arrondissemens : *Saint-Gaudens, Muret, Villefranche*.

31. GERS. Ce département, traversé par des montagnes, produit abondamment du blé et du maïs, ses vins sont convertis pour la plupart en eaux-de-vie, qui sont excellentes. On trouve dans les montagnes quelques sources d'eaux minérales.

Auch, chef-lieu, bâtie en amphithéâtre sur la pente d'un coteau, auprès duquel coule le Gers : 10,644 habitans. — Chefs-lieux d'arrondissemens : *Condom, Lectoure, Lombez, Mirande*.

32. GIRONDE. Une grande partie des terres de ce département sont occupées par des landes et des marécages ; le reste est consacré à la culture de la vigne, sur laquelle se fonde la plus grande richesse du pays. Les crus les plus renommés des vins sont ceux de *Médoc, Saint-Emilion, Haut-Brion* et *Grave* ; mais ce qui constitue principalement la prospérité de ce département, c'est l'étendue de ses relations maritimes.

Bordeaux, chef-lieu, sur la Garonne, l'une des villes les plus riches et les plus commerçantes de la France, ne le cède à aucune sous le rapport des embellissemens et de l'industrie ; parmi les édifices qu'elle renferme, on doit citer le nouveau Pont sur la Garonne, et le Grand-Théâtre ; son commerce est immense, surtout avec les colonies : 93,549 habitans. — Chefs-lieux d'arrondissemens : *Bazas, Blaye, Libourne, La Réole, Lesparre*.

33. HÉRAULT. Ce département fournit peu de blé, mais des vins excellens, surtout ceux de *Lunel, Frontignan, St.-Georges* ; on en tire du marbre, du granit et du plâtre, et le commerce en exporte des draps, eaux-de-vie, liqueurs, huiles, fruits secs, etc.

Montpellier, chef-lieu, dans une situation admirable, à trois lieues de la Méditerranée, dont la proximité favorise son commerce ; cette ville possède, entre autres établissemens, une école de médecine célèbre : 35,841 habitans. — Chefs-lieux d'arrondissemens : *Béziers, Lodève, St.-Pons*.

34. ILLE-ET-VILAINE. On récolte dans ce département du tabac, des fruits à cidre, du lin, du chanvre et du blé, mais pas assez pour la consommation ; on en tire du fer, des ardoises, du beurre, des toiles ; le voisinage de la mer, et surtout l'abondance des poissons sur les côtes, y entretiennent un commerce considérable ; le rocher de Cancale, à quelque distance en mer de la petite ville de ce nom, est renommé pour les huîtres que l'on pêche dans ses environs.

Rennes, chef-lieu, ville grande et ancienne, près du confluent de l'Ille et de la Vilaine : 29,377 habitans.—Chefs-lieux d'arrondissemens : *Fougères, St.-Malo, Montfort, Redon, Vitré*.

35. INDRE. Une grande partie des terres sont entrecoupées de marais et d'étangs poissonneux, qui n'ôtent rien à la fertilité du sol. Les nombreux troupeaux de moutons que nourrit ce département, et leurs produits, composent, avec les abondantes mines de fer qu'il renferme, sa principale richesse.

Châteauroux, chef-lieu, sur l'Indre, ville peu remarquable, mais commerçante : 11,010 habitans. — Chefs-lieux d'arrondissemens : Issoudun, Le Blanc, La Châtre.

36. INDRE-ET-LOIRE. Formé presque entièrement de l'ancienne Touraine, ce département offre un pays agréable et fertile, dont la beauté l'a fait surnommer le *Jardin de la France*. On en tire des fruits secs, du miel, des vins, légumes, volailles, des toiles, des soieries, du fer, etc.

Tours, chef-lieu, ville belle et considérable, sur la Loire, sur laquelle s'élève un pont justement admiré ; Tours est depuis long-temps célèbre pour ses manufactures de soieries : 22,920 habitans.—Chefs-lieux d'arrondissemens : *Chinon, Loches.*

37. ISÈRE. La position de ce département, au pied des montagnes détachées des Alpes de Savoie et de Piémont, qui y présentent les sites les plus pittoresques, y fait trouver abondamment de toutes sortes de minéraux, principalement du fer, du plomb, du cuivre et du mercure ; le sol, très-bien cultivé, produit du blé, des fruits et de bons vins.

Grenoble, chef-lieu, sur l'Isère, grande et ancienne ville, remarquable par de beaux édifices ; elle est renommée pour sa ganterie et ses liqueurs : 22,149 habitans. — Chefs-lieux d'arrondissemens : *St.-Marcellin, La Tour-du-Pin, Vienne.*

38. JURA. Ce département, qui reçoit son nom de la chaîne des montagnes qui s'y étendent, est généralement peu fertile en blés ; mais il produit de bons vins, et renferme d'excellens pâturages et d'immenses forêts de sapins, des mines de fer, des salines, et des carrières de marbre et de plâtre.

Lons-le-Saulnier, chef-lieu, sur la Seille, possède des salines considérables : 7,864 habitans. — Chefs-lieux d'arrondissemens : *St.-Claude, Dôle, Poligny.*

39. LANDES. La presque totalité de ce département, comme l'indique son nom, n'offre que des plaines incultes, d'un sable fin, coupées de bois, de bruyères et de marais, et dans lesquelles on trouve quelques mines de fer et de houille ; une faible partie de terres conquises sur les landes présente quelque fertilité.

Mont-de-Marsan, chef-lieu, n'est qu'une petite ville qui sert d'entrepôt au commerce de Bordeaux et de Bayonne : 3,088 habitans.—Chefs-lieux d'arrondissemens : *Dax, St.-Sever.*

40. LOIR-ET-CHER. Divisé par la Loire en deux parties, dont celle qui se trouve au nord est la plus fertile, ce département produit assez abondamment des grains, du chanvre, des fruits et des vins renommés ; il nourrit une grande quantité de chevaux, bêtes à laine et de volailles, et ses mines de fer mettent en activité de nombreuses usines.

Blois, chef-lieu, sur la Loire, ville célèbre par les événemens politiques qui s'y sont passés, renferme plusieurs édifices curieux, entre autres un beau pont sur la Loire : 11,337 habitans. — Chefs-lieux d'arrondissemens : *Romorantin, Vendôme.*

41. LOIRE. Le sol pierreux de ce département est cause qu'il n'est que médiocrement fertile ; les vins que l'on y recueille sont excellens ; des mines de fer très-abondantes entretiennent l'activité dans une multitude de fonderies et de forges où le fer prend toutes les formes, et qui composent la première richesse des habitans.

Montbrison, chef-lieu, n'est pas, à beaucoup près, la ville la plus considérable du département, et ne doit la prééminence qu'à sa position plus rapprochée du centre : 6,150 habitans. — Chefs-lieux d'arrondissemens : *St.-Etienne, Roanne.*

42. LOIRE (Haute-). Situé au milieu de montagnes volcaniques, ce département est fertile en grains et en fruits, et plusieurs des vins que l'on y recueille sont renommés pour leur bonne qualité ; on y trouve des houillères abondantes, et des carrières de marbre et de plâtre.

Le Puy, chef-lieu, jolie ville, bâtie sur le mont Anis, il s'y fabrique beaucoup de dentelles : 14,998 habitans.—Chefs-lieux d'arrondissemens : *Brioude, Yssengeaux.*

43. LOIRE-INFÉRIEURE. L'Océan, qui borne ce département à l'ouest, l'enrichit des tributs du commerce maritime et des produits d'une pêche abondante : le sol produit des grains et des fruits à cidre en quantité ; on y récolte aussi du vin, mais d'une qualité médiocre ; le sol contient des mines de fer, d'antimoine, de houille, d'étain ; un commerce très-actif ajoute encore aux ressources d'une industrie florissante.

Nantes, chef-lieu, sur la Loire, ville ancienne et importante par sa richesse et son commerce, occupe, après Bordeaux et Paris, le premier rang pour le commerce maritime en France ; éloignée de douze lieues de la mer, la petite ville de Paimbœuf, à l'embouchure de la Loire, lui sert d'entrepôt auprès de l'Océan. Entre un grand nombre de beaux édifices, on admire surtout à Nantes le Palais des anciens ducs de Bretagne : 71,589 habitans. — Chefs-lieux d'arrondissemens : *Ancenis, Châteaubriant, Paimbœuf, Savenay.*

44. LOIRET. Ce département, qui comprend une grande partie de l'ancien Orléanais, récolte beaucoup de grains, des légumes, du chanvre, de l'excellent safran, et d'assez bons vins; il renferme quelques mines d'antimoine. Le commerce s'étend principalement sur les vins, eaux-de-vie et vinaigres, qui sont renommés, et sur les épiceries, etc.

Orléans, chef-lieu, ville grande et ancienne, sur la Loire, offre plusieurs monumens remarquables, et particulièrement celui qui a été élevé à Jeanne d'Arc, libératrice de cette ville : 40,259 habitans.—Chefs-lieux d'arrondissemens : *Gien*, *Montargis*, *Pithiviers*.

45. LOT. Malgré la disposition montagneuse d'une partie de son territoire, ce département offre des plaines d'une grande fertilité, on l'on recueille du blé, de bons vins, des fruits, du tabac, du safran, etc.; il a des mines de fer et des carrières de marbre, de granit et d'albâtre.

Cahors, chef-lieu, sur le Lot, ville fort ancienne, jadis capitale du Quercy : 12,413 habitans.—Chefs-lieux d'arrondissemens : *Figeac*, *Gourdon*.

46. LOT-ET-GARONNE. Les fruits, chanvre et tabac, avec des vins de médiocre qualité, composent les principales productions de ce département, où l'on trouve de nombreuses papeteries, et quelques fabriques de draps et grosses toiles.

Agen, chef-lieu, sur la Garonne, cette ville entretient un grand commerce en vins, eaux-de-vie et prunes de son territoire : 11,917 habitans. —Chefs-lieux d'arrondissemens : *Marmande*, *Nérac*, *Villeneuve*.

47. LOZÈRE. Le sol de ce département est généralement peu fertile, et ses productions en céréales ne répondent pas aux besoins de ses habitans, dont une grande partie émigrent annuellement dans les départemens voisins, pour gagner leur subsistance. On y exploite des mines de cuivre, plomb, fer, antimoine, et des carrières de marbre, de granit et plâtre.

Mende, chef-lieu, ville peu considérable sur le Lot; elle a quelques fabriques de gros draps et de serges : 5,445 habitans.—Chefs-lieux d'arrondissemens : *Florac*, *Marvejols*.

48. MAINE-ET-LOIRE. Ce département est riche de sa fertilité et de l'industrie active de ses habitans; il possède des mines de fer et de houille, et des carrières de marbre, granit, ardoises, etc. Le commerce en tire des bestiaux, eaux-de-vie, vins estimés, toiles, prunes renommées.

Angers, chef-lieu, ancienne capitale de l'Anjou, ville grande et belle, sur la Mayenne, dominée par un château fort, élevé sur un rocher. On admire dans Angers sa belle Cathédrale gothique : 29,978 habitans.—Chefs-lieux d'arrondissemens : *Baugé*, *Beaupréau*, *Saumur*, *Segré*.

49. MANCHE. Ainsi nommé du bras de mer qui le limite au nord et à l'ouest, ce département est plus riche en pâturages qu'en terres labourables. Il produit du lin, du chanvre, des fruits à cidre, et renferme des mines de cuivre, de fer, de plomb, de houille, et des carrières de marbre, granit, ardoise. Le commerce s'étend principalement sur les produits de l'industrie, qui sont les toiles de lin, étoffes, glaces, porcelaines.

St.-Lô, chef-lieu, sur la Vire, où l'on remarque l'ancienne Cathédrale et l'église Ste.-Croix : 8,509 habitans.—Chefs-lieux d'arrondissemens : *Avranches*, *Cherbourg*, *Coutances*, *Mortain*, *Valognes*.

50. MARNE. Le territoire de ce département, qui embrasse une partie de l'ancien comté de Champagne, ne présente, dans son assez grande étendue au sud-ouest, que des landes incultes d'un sol crayeux et absolument stérile, que l'art s'efforce d'utiliser; mais dans les plaines de la haute Champagne il est assez fertile, surtout en vins délicieux, connus sous le nom de *vins de Champagne*. Parmi ces vins, qui composent, avec les produits d'une industrie manufacturière florissante, la plus belle richesse du département, on distingue ceux de *Sillery*, d'*Aï* et d'*Épernay*.

Châlons-sur-Marne, chef-lieu, sur la Marne. On remarque dans cette ville la magnifique promenade du Jard, et l'École des Arts et Métiers : 12,419 habitans. — Chefs-lieux d'arrondissemens : *Épernay*, *Reims*, *Ste.-Ménehould*, *Vitry*.

51. MARNE (Haute-), au sud-est du précédent, est fertile en grains, fruits, vins, pâturages; on y trouve de riches mines de fer, qui sont exploitées avec activité. Les bois occupent près d'un tiers de l'étendue du territoire.

Chaumont, chef-lieu, sur la Marne, ville jolie et commerçante : 6,027 habitans. — Chefs-lieux d'arrondissemens : *Langres*, *Vassy*.

52. MAYENNE. Le sol de ce département est entrecoupé de bois, de montagnes, de landes et de plaines fertiles; on y trouve quelques mines de fer et des carrières de marbre et d'ardoise. Les blanchisseries et la fabrique des toiles sont ce que l'industrie offre de plus remarquable.

Laval, chef-lieu, sur la Mayenne, avec de belles manufactures de toiles qui ont justifié leur réputation depuis plusieurs siècles : 15,850 habitans. — Chefs-lieux d'arrondissemens : *Mayenne*, *Château-Gontier*.

53. MEURTHE. Riche et fertile département, qui possède des forêts considérables, des pâturages excellens, et produit de bons vins. Ses salines sont les plus abondantes de la France ; il a aussi des mines de fer et de houille, et des eaux minérales.

Nancy, chef-lieu, et ancienne capitale de la Lorraine, sur la Meurthe, a conservé de beaux restes de la magnificence de ses anciens souverains. On y remarque surtout le Palais des Princes, l'Hôtel-de-Ville, la Cathédrale, etc.: 29,722 habitans. — Chefs-lieux d'arrondissemens : *Château-Salins, Lunéville, Sarrebourg, Toul.*

54. MEUSE. Ce département, qui tient à l'ouest au précédent, est, comme lui, coupé de montagnes boisées, et rapporte les mêmes productions ; on estime les vins et les confitures qu'on en tire ; le sol renferme, dans quelques parties, des mines de fer assez abondantes.

Bar-le-Duc, chef-lieu, sur l'Ornain, fait un grand commerce de estamades, vins, et confitures de groseilles renommées : 12,500 habitans. — Chefs-lieux d'arrondissemens : *Commercy, Verdun, Montmédy.*

55. MORBIHAN. Malgré son inégalité, le sol de ce département est généralement fertile ; mais ce qui constitue sa richesse principale et fournit le plus abondamment à son commerce, ce sont les pêches considérables qui se font sur les côtes de la mer.

Vannes, chef-lieu, sur la Marle, à quatre lieues de la mer, possède un port commode et sûr auprès du canal du Morbihan : 11,586 habitans. — Chefs-lieux d'arrondissemens : *Lorient, Ploermel, Pontivy.*

Les îles de *Groseix* et de *Belle-Île* appartiennent à ce département.

56. MOSELLE. Sol montueux, boisé et assez fertile, produit grains, légumes, bons fruits, vins estimés, chanvre, etc. ; mines de fer abondantes, houille, manganèse, fabriques actives de toiles, quincaillerie, armes, fonderies de canons, mines et forges nombreuses.

Metz, chef-lieu, sur la Moselle, place de guerre importante et bien fortifiée, avec une belle citadelle, École d'artillerie : 45,276 habitans. Cette ville, dans laquelle s'était renfermé le duc de Guise en 1552, soutint un siège glorieux contre l'empereur Charles-Quint. — Chefs-lieux d'arrondissemens : *Briey, Sarreguemines, Thionville.*

57. NIÈVRE. Composé en partie de montagnes couvertes de vastes forêts, en partie de plaines fertiles et bien cultivées, le sol de ce département fournit abondamment de toutes les productions, et nourrit une grande quantité de bestiaux ; une industrie active exploite plusieurs mines de fer, des carrières de granit et de grès, et des forges, fonderies, verreries et papeteries considérables. Le département de la Nièvre est un de ceux qui fournissent le plus de bois à la capitale.

Nevers, chef-lieu, sur la Loire : entre autres établissemens, cette ville possède des forges pour la marine, et des fonderies de canons : 15,762 habitans. — Chefs-lieux d'arrondissemens : *Château-Chinon, Clamecy, Cosne.*

58. NORD. Ce département, le plus peuplé de la France après le département de la Seine, se fait remarquer par une belle culture, et par sa grande fertilité en blé, chanvre, lin, tabac. Les chevaux que l'on en tire sont très-estimés. L'industrie s'y trouve portée au plus haut point de perfection, et embrasse presque tous les genres de productions, principalement les toiles, dentelles, liqueurs, etc. Les mines de houille que l'on y exploite sont inépuisables.

Lille, chef-lieu, ville grande et riche, sur la Deule, était anciennement la capitale de la Flandre française ; sa position près des frontières, et les belles fortifications qui la défendent, en font une place des plus importantes du royaume. Elle sert d'entrepôt au commerce de la France et de la Belgique ; 69,860 habitans. — Chefs-lieux d'arrondissemens : *Avesnes, Cambray, Douay, Dunkerque, Hazebrouck, Valenciennes.*

59. OISE. Le blé, les légumes, les fruits à cidre recueillis en abondance, telles sont les productions principales de ce fertile département, dont une grande partie concourt, avec ceux qui avoisinent la capitale, à l'alimenter de toutes les choses nécessaires à sa consommation. On trouve dans le département des carrières de marbre gris, de grès et de plâtre ; il possède de nombreuses fabriques de toutes sortes de tissus de fil et de laine.

Beauvais, chef-lieu, au confluent de l'Avelon et du Thérain, renferme une manufacture royale de tapisseries et de belles fabriques de draps : 13,865 habitans. Cette ville est célèbre par le siège qu'elle soutint en 1472 contre Charles-le-Téméraire, duc de Bourgogne, et dans lequel les femmes se distinguèrent par leur courage à défendre leurs remparts, ayant à leur tête Jeanne Hachette. — Chefs-lieux d'arrondissemens : *Clermont, Compiègne, Senlis.*

60. ORNE. Sol fertile, pâturages excellens qui nourrissent des chevaux de belle race normande, mérinos et autres bestiaux ; carrières de marbre, kaolin, crayon noir ; fabriques considérables de toiles et de dentelles renommées ; nombre de forges et usines à fer, verreries, papeteries, qui alimentent un commerce actif.

Alençon, chef-lieu, sur la Sarthe, ville manufacturière et commerçante : 14,271 habitans. — Chefs-lieux d'arrondissemens : *Argentan, Domfront, Mortagne.*

61. PAS-DE-CALAIS. Le détroit qui sépare la France de l'Angleterre a donné lieu au nom de ce département. Les terres y sont généralement basses et très-fertiles ; leurs principales productions après les grains, dont le commerce fait une exportation considérable, sont le lin, le chanvre et les fruits à cidre. La tourbe et la houille y abondent. On trouve des carrières de marbres de plusieurs espèces ; et l'industrie fournit au commerce de nombreuses ressources.

Arras, chef-lieu, sur la Scarpe et le Crinchon, ville renommée pour ses riches fabriques de dentelles, possède une belle citadelle construite par Vauban : 22,178 habitans. — Chefs-lieux d'arrondissemens : *Béthune, Boulogne, Montreuil, St.-Omer, St.-Pol.*

62. PUY-DE-DOME. Parmi les dômes ou groupes de montagnes qui hérissent ce département dans une grande partie de son étendue, et qui lui ont donné son nom, on reconnaît en plusieurs endroits des traces d'éruptions volcaniques, dont la cendre favorise merveilleusement la fertilité si vantée de ce pays, connu autrefois sous le nom de Limagne. Les plaines se couvrent de beaux blés, et les coteaux de vignobles dont les produits sont renommés : les montagnes recèlent des mines de plomb, d'antimoine, de houille, des sources d'eaux minérales, et des carrières de marbre, porphyre, granit et plâtre. Commerce actif et étendu ; fabriques de toiles et dentelles, papeteries.

Clermont-Ferrand, chef-lieu, ancienne capitale de l'Auvergne, au pied des monts Dômes ; ville grande et commerçante ; on y remarque, entre autres édifices, la Cathédrale, morceau magnifique d'architecture gothique, la fontaine de Ste.-Allyre, et ses belles promenades : 30,010 habitans. — Chefs-lieux d'arrondissemens : *Ambert, Issoire, Riom, Thiers.*

63. PYRÉNÉES *(Basses-).* Les montagnes de ce département, qui comprend une partie de l'ancien royaume de Navarre, fournissent des bois de construction à la marine, des mines de fer, de cuivre et de plomb, et des eaux thermales renommées, les vins que l'on y recueille jouissent d'une qualité recherchée ; industrie active, commerce de vins, eaux-de-vie, bestiaux.

Pau, chef-lieu, jolie ville, sur le torrent qui porte le même nom, a vu naître Henri IV ; 11,981 habitans. — Chefs-lieux d'arrondissemens : *Mauléon, Bayonne, Oloron, Orthez.*

64. PYRÉNÉES *(Hautes-).* Le nom de ce département indique suffisamment sa position parmi les sommets les plus élevés de cette chaîne de montagnes, au milieu desquelles roulent des torrens qui forment de belles cascades ; le sol en est tellement hérissé, qu'une grande partie reste inculte. Les régions de la plaine sont fertiles, mais ne peuvent suffire à la consommation. Les bois forment la branche la plus considérable d'exploitation, et les troupeaux la principale richesse de ce département. Les montagnes contiennent du fer, du cuivre, du manganèse, du zinc, du plomb. On y trouve aussi un grand nombre de carrières de marbre, et des sources d'eaux minérales.

Tarbes, chef-lieu, sur l'Adour, dans un site agréable : 8,712 habitans. — Chefs-lieux d'arrondissemens : *Argelès, Bagnères.*

65. PYRÉNÉES-ORIENTALES. Le climat de ce département est très-doux, et peu exposé aux rigueurs de l'hiver. On y récolte du blé, du chanvre, des melons, olives, oranges, citrons, et des vins de liqueur estimés ; ses montagnes, qui vont en s'inclinant graduellement vers la Méditerranée, renferment des sources d'eaux minérales en grand nombre, des mines de fer, de cuivre et de houille, et d'excellens pâturages qui nourrissent d'immenses troupeaux. Le bois que fournit ce département suffit à peine à sa consommation.

Perpignan, chef-lieu, sur le Tet, ville forte, et capitale de l'ancien Roussillon. Son territoire produit des vins estimés, tels que ceux de *Grenache* et de *Malvoisie* ; 15,357 habitans. — Chefs-lieux d'arrondissemens : *Céret, Prades.*

66. RHIN *(Bas-),* l'un des plus riches départemens par ses productions naturelles et industrielles. Le tabac, la garance, les vins et le kirchenwasser forment les branches premières de culture ; l'industrie exploite des mines, fonderies, manufactures d'armes à feu, filatures de coton et de draps, verreries, etc., qui ouvrent au commerce une source inépuisable de richesses.

Strasbourg, chef-lieu, grande et forte ville, à une lieue du Rhin, place de guerre importante, était jadis la capitale de l'Alsace. On admire sa Cathédrale, dont le clocher est élevé de 445 pieds, et dans l'intérieur une horloge qui passe pour un chef-d'œuvre de mécanique ; l'Hôtel-de-Ville, le Palais du roi, la Citadelle, le Mausolée du maréchal de Saxe, et les tombeaux de Desaix et de Kléber : 49,708 habitans. — Chefs-lieux d'arrondissemens : *Saverne, Schélestadt, Weissembourg.*

67. RHIN *(Haut-).* Le territoire et les productions de ce département sont à peu près les mêmes que dans le département du Bas-Rhin ; ce qu'il offre de particulier, ce sont ses richesses minérales, ses carrières de mar-

bre, porphyre, grès, ardoise, plâtre; ses vins recherchés, ses chevaux, et ses nombreuses fabriques de draps et de toiles.

Colmar, chef-lieu, sur la Lauch, ville manufacturière et commerçante : 15,496 habitans. — Chefs-lieux d'arrondissemens : *Befort*, *Altkirch*.

68. RHÔNE. Ce département, qui n'a qu'une assez médiocre étendue, est un des premiers du royaume sous le rapport de l'industrie et du commerce; ses fabriques de soieries sont depuis long-temps en possession d'une réputation universelle, et les vins qu'il produit sont justement estimés, surtout ceux de *Condrieux*, *Romanèche*, *Côte-Rôtie*; mais la récolte en blé ne loin d'y suffire à la consommation. On n'y trouve aussi que fort peu de bois; quelques mines fournissent de plomb, du cuivre et de la houille.

Lyon, chef-lieu, au confluent du Rhône et de la Saône, ville grande, belle et commerçante, est regardée comme la seconde du royaume. On admire, parmi une multitude d'édifices remarquables que renferme Lyon, l'Hôtel-Dieu, l'Hôtel-de-Ville, la Cathédrale, le Grand-Théâtre, et plusieurs restes curieux d'antiquités. Parmi les produits de l'industrie, les soieries et la chapellerie tiennent le premier rang : 170,845 habitans. — Chef-lieu d'arrondissement : *Villefranche*.

69. SAONE (*Haute-*). Ce département produit abondamment du blé, des fruits, vins, fourrages; la partie sud, qui avoisine les départemens du Doubs et du Jura, est traversée par des montagnes qui se couvrent de belles forêts, d'où l'on tire de bons bois de marine, des pins et sapins. On y trouve des mines considérables de fer et de houille, et des carrières de marbre, granit, albâtre, grès, plâtre; l'industrie s'applique principalement à l'horlogerie, papeteries, verreries, fabriques de toiles, et à l'exploitation des forges et usines.

Vesoul, chef-lieu, près du Durgeon, jolie ville, dans une position agréable : 5,952 habitans. — Chefs-lieux d'arrondissemens : *Gray*, *Lure*.

70. SAONE-ET-LOIRE. Les vins que recueille ce département, et qui sont d'une très-bonne qualité, composent la partie importante de ses productions et de son commerce. L'industrie a pour objet les fonderies, forges et verreries; l'exploitation de mines abondantes de cristal de roche et le travail des cristaux donnent à cette dernière branche une grande importance. *Le Creuzot*, situé au pied de la hauteur où s'élève la petite ville de Montcenis, possède une manufacture de cristaux qui forme le plus bel établissement de ce genre.

Mâcon, chef-lieu, sur la Saône, fait un commerce considérable des vins de son territoire : 10,963 habitans. — Chefs-lieux d'arrondissemens : *Autun*, *Chalons*, *Louhans*, *Charolles*.

71. SARTHE. Une grande partie de ce département, formé de l'ancien Maine, est couverte de landes, et cependant il produit assez de blé pour sa consommation; le commerce en exporte une grande quantité de bestiaux et volailles, des toiles et graines de trèfle et de luzerne. Les mines qu'on y rencontre abondent en fer, et alimentent un grand nombre de forges.

Le Mans, chef-lieu, sur la Sarthe, est surtout renommé pour ses fabriques de bougies, et pour les volailles grasses qu'il nourrit : 19,477 habitans. — Chefs-lieux d'arrondissemens : *Mamers*, *Saint-Calais*, *La Flèche*.

72. SEINE. Le moins étendu et le plus peuplé de tous les départemens, en est aussi le plus riche, et le premier sous le rapport de l'importance qu'il doit à la capitale, dans laquelle viennent se concentrer l'industrie et le commerce de toute la France. Ce département, qui se trouve entièrement enfermé dans celui de Seine-et-Oise, se compose de belles plaines, occupées par de riantes maisons de campagne, ou livrées à la culture, et jouissant d'une merveilleuse fertilité, surtout en légumes et autres objets de consommation journalière que réclament les besoins de la capitale. La nature calcaire du sol fournit du plâtre en abondance.

Paris, ville grande, magnifique et opulente, sur les bords de la Seine, est le chef-lieu de ce département et la capitale de la France; 890,431 habitans forment sa population. Elle est l'une des premières villes du globe par ses richesses, sa beauté, son commerce, sa population, et surtout par la réunion de ce que les sciences et les arts ont de plus éclairé, l'industrie de plus parfait. Dans le nombre infini de monumens et établissemens remarquables que renferme cette belle ville, on distingue les palais du Louvre et des Tuileries, la riche collection des tableaux du Musée dans ce dernier; le Palais-Royal, la Bourse, l'Église Sainte-Geneviève ou Panthéon, l'Hôtel des Invalides, la Colonne Vendôme, la Bibliothèque du roi, les théâtres, les ponts, etc. — Chefs-lieux d'arrondissemens : *Saint-Denis*, *Sceaux*.

73. SEINE-INFÉRIEURE. Tout concourt à rendre ce département l'un des plus riches du royaume; la grande fertilité de son territoire, ses nombreux établissemens industriels, sa position favorable à l'extension de son commerce. Il produit abondamment du blé, des fourrages, fruits à cidre et légumes; d'immenses prairies nourrissent des bestiaux de toutes sortes et de la plus belle espèce; les côtes de la mer fournissent une grande quantité de poissons et d'huîtres, tandis que ses manufactures

florissantes entretiennent l'activité et l'aisance parmi les habitans, et alimentent continuellement le commerce.

Rouen, chef-lieu, sur la rive droite de la Seine, est une des villes importantes du royaume. Son port est commode, et peut recevoir de petits bâtimens. Quoique généralement mal bâtie, cette ville offre plusieurs beaux édifices, entre autres l'Hôtel-de-Ville, la magnifique église de Saint-Ouen, la Cathédrale, le Pont de bateaux, etc. Ses fabriques de cotonneries sont connues de toute la France : 90,000 habitans. — Chefs-lieux d'arrondissemens : *Dieppe, le Hâvre, Neuchâtel, Yvetot*.

74. SEINE-ET-MARNE. Ce département, qui est un de ceux qui contribuent le plus à l'approvisionnement de la capitale, jouit d'une fertilité remarquable en toutes sortes de productions, et principalement en blé. On y exploite un grand nombre de carrières de plâtre et de pierres meulières; il renferme d'excellens pâturages, et nourrit beaucoup de bestiaux.

Melun, chef-lieu, sur la Seine, ville fort ancienne, possède de belles constructions, et fait un commerce étendu des produits du sol et de l'industrie : 7,199 habitans.—Chefs-lieux d'arrondissemens : *Meaux, Coulommiers, Provins, Fontainebleau*.

75. SEINE-ET-OISE. Ce département, qui doit le grand nombre d'embellissemens qu'il renferme au voisinage de la capitale, jouit d'une grande fertilité, que secondent les soins d'une culture bien entendue. La nécessité de fournir continuellement aux besoins et au luxe de Paris détourne une partie des terres de leur véritable destination; on y recueille principalement des fruits qui sont excellens. Le sol fournit de la tourbe et du plâtre en immense quantité. Sous le rapport de l'industrie, la fabrique de toiles peintes de Jouy et les porcelaines de Sèvres viennent en première ligne.

Versailles, chef-lieu, résidence de la cour sous Louis XIV, à qui cette ville est redevable de ses agrandissemens et de tous les beaux édifices qu'elle renferme. On admire surtout le Château et le Parc, qui sont d'une magnificence vraiment royale : 29,791 habitans.—Chefs-lieux d'arrondissemens : *Pontoise, Mantes, Corbeil, Etampes, Rambouillet*.

76. SÈVRES (*Deux-*). Une grande partie de ce département, qui prend son nom de deux rivières qui l'arrosent, est coupée d'étangs et de marais qui rendent le climat insalubre et rendent nuls pour l'agriculture. Les terres cependant sont fertiles, et nourrissent une infinité de bestiaux, et surtout de mulets très-estimés; on exploite des mines de fer abondantes, et des carrières de marbre et de granit.

Niort, chef-lieu, sur la Sèvre, à laquelle elle donne le nom de *Niortaise*, est une ville agréable et bien bâtie : 15,799 habitans.—Chefs-lieux d'arrondissemens : *Bressuire, Parthenay, Melle*.

77. SOMME. L'intérieur de ce département, entièrement composé de plaines, offre peu de bois; la tourbe supplée à ce défaut, comme le cidre supplée à l'absence du vin. Les fabriques de draps, et le travail des laines, qui sont exploitées avec une grande activité, composent la principale richesse des habitans.

Amiens, chef-lieu, grande et belle ville, sur la Somme, est le centre du commerce et de l'industrie de tout le département. On remarque sa magnifique Cathédrale : 42,032 habitans.—Chefs-lieux d'arrondissemens : *Abbeville, Doulens, Péronne, Montdidier*.

78. TARN. Les montagnes qui s'étendent sur tout le territoire de ce département sont en grande partie couvertes de bois; les coteaux offrent de nombreux vignobles, dont quelques uns sont renommés; les plaines produisent du blé, du chanvre, du lin; on exploite des mines de fer et de houille, et des carrières de marbre, plâtre, et argile à porcelaine.

Alby, chef-lieu, sur le Tarn, n'offre de remarquable que son antique Cathédrale. Cette ville a donné son nom aux Albigeois, secte de religionnaires persécutés dans le douzième siècle : 10,953 habitans.—Chefs-lieux d'arrondissemens : *Gaillac, Lavaur, Castres*.

79. TARN-ET-GARONNE. Ce département, formé en 1808 seulement de parties empruntées aux départemens environnans, est fertile en toutes sortes de productions, surtout en blé excellent, dont la farine s'exportait autrefois jusqu'en Amérique, et forme encore aujourd'hui une branche lucrative de commerce. On y recueille de bons vins; les chevaux qu'on en tire sont fort estimés. Ce département possède peu de bois.

Montauban, chef-lieu, ville agréablement bâtie sur une éminence dont la Garonne baigne le pied, jouit d'un air pur et salubre. Cette ville est célèbre par les troubles dans lesquels elle s'est trouvée à diverses époques engagée au sujet de la religion : 25,566 habitans.— Chefs-lieux d'arrondissemens : *Moissac, Castel-Sarrazin*.

80. VAR. Les hautes montagnes qui abritent ce département à l'est, du côté du Piémont, en rendent la température généralement douce et agréable; mais leur multiplicité s'oppose aux progrès de l'agriculture; des plantations considérables d'orangers, figuiers, citronniers, muscats et autres arbres à fruits embellissent plusieurs contrées, et le commerce en répand les productions dans toute la France. On y cite aussi des vins et

du miel qui ont de la réputation. L'industrie y compte peu d'établissemens.

Draguignan, chef-lieu, situé au milieu de coteaux fertiles et d'environs délicieux : 8,835 habitans.—Chefs-lieux d'arrondissemens : *Antibes, Brignoles, Toulon*.

81. VAUCLUSE. Ce département, qui correspond en partie à l'ancien Comtat Venaissin, dont la possession appartint long-temps à l'Église de Rome, tire son nom de la belle et célèbre fontaine de Vaucluse. Le pays est entrecoupé de hautes montagnes dont l'aridité s'oppose à la culture, aussi y recueille-t-on peu de blé; l'éducation des vers à soie est très-répandue, et les fabriques de soieries très-multipliées, dans ce département; le commerce en tire aussi du miel, des fruits secs et des plantes tinctoriales.

Avignon, chef-lieu, sur le Rhône, ville grande et belle, a été pendant soixante-deux ans la résidence des souverains pontifes, et leur propriété jusqu'à l'époque de la révolution : 31,180 habitans. — Chefs-lieux d'arrondissemens : *Orange, Carpentras, Apt*.

82. VENDÉE. Le sol de ce département est généralement bas et uni, marécageux en beaucoup d'endroits; il produit en abondance des blés d'excellente qualité, des fruits, légumes, chanvres, vins; de nombreux pâturages engraissent des bœufs d'une espèce magnifique. On en tire considérablement de sel, du grains et de toutes sortes de bestiaux, ainsi que du fer et du granit.

Bourbon-Vendée, chef-lieu, petite ville qui a changé trois fois de nom depuis les événemens de la révolution; on n'y compte que 3,109 habitans. — Chefs-lieux d'arrondissemens : *Fontenay, Les Sables-d'Olonne*.

Les îles de Noirmoutiers et Ile-Dieu font partie du département de la Vendée.

83. VIENNE. Une partie considérable du territoire de ce département se compose de landes incultes; les terres en culture sont assez fertiles en grains, fruits et légumes. On y recueille aussi des vins, dont quelques uns ont de la réputation. L'industrie y compte peu d'établissemens, et en général ce département ne saurait être classé parmi les départements riches.

Poitiers, chef-lieu, ville ancienne et considérable, sur le Clain. Cette ville est malheureusement célèbre par la perte d'une grande bataille livrée près de ses murs en 1356, et dans laquelle le roi Jean tomba au pouvoir des Anglais : 22,261 habitans. — Chefs-lieux d'arrondissemens : *Châtellerault, Loudun, Montmorillon, Civray*.

84. VIENNE (*Haute-*). Ce département, situé au sud du précédent, offre comme lui un sol montueux et aride; les produits en blé ne suffisent pas à la consommation, et une grande partie de la population se répand chaque année dans toutes les parties de la France, pour y vivre de son travail. On en tire d'excellens chevaux limousins, du marbre, et un étain très-fin. Ses porcelaines et papeteries sont renommées. Le commerce a particulièrement pour objet les châtaignes, bestiaux, fers, porcelaines.

Limoges, chef-lieu, sur la Vienne, ville ancienne et considérable, conserve quelques beaux restes des ouvrages construits par les Romains. On remarque aussi sa belle Cathédrale : 26,612 habitans. — Chefs-lieux d'arrondissemens : *Bellac, Rochechouart, Saint-Yrieix*.

85. VOSGES. Au milieu des montagnes qui lui donnent son nom, et qui renferment des sources minérales et de précieuses mines d'argent, de cuivre, de fer, de plomb et d'antimoine, ce département jouit d'une grande fertilité, qu'il doit autant à une culture sagement entendue, qu'à la bonté naturelle du sol. Il possède de belles verreries et des papeteries estimées; il a aussi des forges et des fabriques d'instrumens de musique.

Épinal, chef-lieu, sur la Moselle, remarquable par ses jolies promenades : 7,961 habitans. — Chefs-lieux d'arrondissemens : *Mirecourt, Neufchâteau, Remiremont, Saint-Dié*.

86. YONNE. La position montagneuse de ce département, qui forme en grande partie ce qu'on appelait autrefois la *Basse Bourgogne*, le rend très-propre à la culture de la vigne; aussi y recueille-t-on particulièrement des vins qui sont excellens, entre autres ceux de *Tonnerre, Irancy, Coulanges, Auxerre* et *Chablis*. Il a de très-bons pâturages, qui nourrissent un grand nombre de bestiaux, et une étendue considérable de bois et forêts qui fournissent à l'approvisionnement de Paris. On y trouve, en quelques endroits, des mines d'ocre et de fer, et des carrières de pierres propres à la construction et à la lithographie.

Auxerre, chef-lieu, ville fort ancienne, sur l'Yonne, n'offre, à l'exception de sa Cathédrale gothique, aucune particularité remarquable : 12,348 habitans. — Chefs-lieux d'arrondissemens : *Sens, Joigny, Tonnerre, Avallon*.

COLONIES.

Les possessions coloniales de la France sont, en Asie, *Pondichéry* et *Chandernagor*, dans les Indes orientales; en Afrique, le *Sénégal* et l'île *Bourbon*; en Amérique, la *Guiane Française*; et dans les Antilles, la *Guadeloupe*, la *Martinique*, les îles *Miquelon* et *St.-Pierre*, la *Désirade*, la *Marie-Galante*, les îles *des Saintes*, et partie de l'île *St.-Martin*, dont un tiers environ appartient aux Hollandais.

SUISSE.

Située entre les Alpes et les chaînes du Tyrol, la Suisse occupe le plateau le plus élevé de l'Europe. Elle est bornée au nord par le Rhin, le grand-duché de Bade et le lac de Constance, au sud par les États Sardes et le royaume Lombard-Vénitien, à l'ouest par la France, à l'est par le Tyrol. Son étendue est de 80 lieues sur 60 environ. Elle compose une République, formée originairement de treize cantons ou petites républiques particulières, dont le nombre s'est successivement accru par la réunion de nouveaux cantons ; on en compte aujourd'hui 22, tous indépendans les uns des autres pour leur administration intérieure, alliés seulement pour leur défense commune, et généralement désignés par le nom de *Confédération helvétique*. Tous les ans, une *Diète*, ou assemblée générale des députés des cantons, se réunit alternativement dans chacun des six cantons qui ont le titre de *Directoriaux*, pour y délibérer sur les affaires qui intéressent l'ordre et la sûreté de la république, et élire, dans chacun de ces mêmes cantons successivement, un chef ou *Landamman*, dont les fonctions ne s'étendent pas au-delà d'une année, et sont limitées à une administration particulière, qui ne lui confère aucune autorité sur la direction personnelle de chaque canton.

La disposition âpre et montueuse du sol est peu favorable à sa fertilité, sous un ciel propice d'ailleurs. Aussi la Suisse est-elle plus renommée pour la beauté et la variété de ses sites, le curieux spectacle de ses glaciers et de ses montagnes couvertes de neige à leur sommet, tandis qu'à leur pied mûrissent des récoltes, que pour l'abondance et la richesse de ses productions, qui même sont insuffisantes aux besoins de la consommation. Elle nourrit de nombreux troupeaux, de gros bétail surtout, dont les produits forment une branche importante de commerce avec les États voisins. Les objets les plus importans de l'industrie sont les toiles, indiennes, dentelles, mousselines, et l'horlogerie, surtout dans les cantons de Genève et de Neufchâtel. La Suisse doit la liberté dont elle a presque constamment joui, autant à la disposition de ses montagnes, qui présentent une barrière indestructible et naturelle contre les agressions de ses ennemis, qu'au courage héroïque de ses habitans. Sans armée, et sans aucune dépense pour en entretenir, elle possède des troupes continuellement exercées dans les soldats qu'elle vend à plusieurs États voisins. Une sorte de préjugé national fait une obligation à la jeunesse d'embrasser, pour un certain nombre d'années, le goût militaire tant qu'elle est en âge de porter les armes ; et il y a aussi quelque chose de honteux à se soustraire à cette habitude guerrière, qui porte la garantie la mieux assurée de l'indépendance de cette république. Des vingt-deux cantons, neuf suivent la religion catholique, huit sont protestans, et les cinq autres mixtes, sans que ce mélange de croyances différentes altère en rien le bon accord de leur union. On évalue l'étendue superficielle de la République helvétique à 1,866 lieues carrées, peuplées de 1,825,300 habitans, ainsi répartis sous le rapport des croyances religieuses : 1,271,845 protestans, 580,135 catholiques, 350 luthériens, 1,970 juifs, 900 anabaptistes.

Tableau des vingt-deux Cantons composant la Confédération helvétique, et de la population de chacun d'eux.

Noms des cantons	Population	Capitale	Population	(*)
Berne	245,000	Berne	25,571	1355
Bâle	51,300	Bâle	16,471	1501
Soleure	57,710	Soleure	4,571	1481
Fribourg	73,000	Fribourg	8,561	1481
Lucerne	106,000	Lucerne	6,075	1332
Zurich	198,100	Zurich	10,515	1351
Vaud	147,000	Lausanne	10,444	1803
Saint-Gall	118,000	S.-Gall	8,056	1803
Argovie	147,600	Aarau	3,500	1803
Léman	—	Bellinzona	3,000	1803
Grisons	73,603	Coire	3,500	1798
Thurgovie	80,000	Frauenfeld	2,305	1803
Appenzel	51,000	Appenzel	3,000	1513
Valais	63,400	Sion	2,253	1815
Genève	51,100	Genève	24,600	1815
Neufchâtel	51,300	Neufchâtel	4,718	1815
Schaffouse	27,100	Schaffouse	6,000	1501
Schwitz	30,000	Schwitz	1,798	1508
Uri	—	Altorf	—	1308
Unterwald	21,000	Stans	2,719	1308
Glaris	29,100	Glaris	3,500	1351
Zug	—	Zug	2,819	1352

(*) Époque de l'admission des cantons dans la Confédération.

Une courte notice suffira pour faire connaître ce qui concerne chacun de ces cantons.

1. BERNE. Ce canton est le plus étendu de la Suisse, qu'il traverse dans presque toute sa longueur. On évalue sa superficie à 350 lieues carrées, à peu près l'étendue moyenne d'un département de la France ; il est divisé en 193 bailliages, et les protestans composent les sept huitièmes de sa population. Berne, ville capitale, sur l'Aar, avec des fortifications, grande et peuplée, mais mal construite.

2. BALE, n'occupe pas plus de 24 lieues carrées d'étendue ; le sol en est fertile en blé, chanvre, bois, et excellens pâturages. L'administration de ce canton est confiée à un conseil de 180 membres, lequel envoie trois députés à la Diète. Ce canton, dont la grande majorité des habitans suivent le protestantisme, se subdivise en six districts. *Bâle*, chef-lieu, ville ancienne, bâtie sur le Rhin, qui la partage en deux, est la ville la plus commerçante de la Suisse, dont on la regarde assez communément comme la capitale. Elle possède une bibliothèque riche, une université, et plusieurs sociétés savantes.

3. SOLEURE. Ce canton est remarquable par sa fertilité, ses belles forêts de sapins et ses riches pâturages. Sa capitale était jadis la résidence de l'ambassadeur de France auprès des cantons. On la regarde comme la plus ancienne ville de la Suisse. C'est dans ses murs que fut conclu en 1777 le célèbre traité d'alliance entre la France et la Suisse, qui devait durer cinquante ans. Ce canton est presque entièrement composé de catholiques, et n'envoie qu'un député à la Diète.

4. FRIBOURG. Ce canton renferme la petite ville de *Morat*, près du lac du même nom, fameux par la victoire remportée en 1476 par les Suisses sur l'armée de Charles-le-Téméraire, duc de Bourgogne. Comme le précédent, ce canton est du nombre des catholiques.

5. LUCERNE, un des neuf cantons catholiques. Sa capitale, sur le lac du même nom, sert de passage aux voyageurs qui vont de France en Italie par le mont St.-Gothard. Cette ville possède un plan curieux d'une partie de la Suisse, exécuté en relief avec une précision admirable par le général Pfiffer.

6. ZURICH, canton protestant, sous la direction de deux conseils représentatifs, possède de nombreuses manufactures qui occupent près d'un tiers de sa population. *Zurich*, chef-lieu, à l'extrémité septentrionale du lac qui porte le même nom, a vu naître plusieurs hommes célèbres, entre autres Lavater, les deux Gessner, Pestalozzi. Elle renferme plusieurs collèges et écoles. En 1799, les Français remportèrent devant cette ville une grande victoire sur les Autrichiens, à la suite d'une bataille qui dura deux jours.

7. VAUD, capitale *Lausanne*, bâtie sur le lac de Genève, n'a de remarquable que les bords de ce lac, qui présentent les vues les plus pittoresques.

8. ST.-GALL, composé du territoire de l'ancienne abbaye de ce nom, dont on voit encore les épaisses constructions et le gothique édifice dans la capitale de ce canton.

9. ARGOVIE, capitale *Aarau*, ville médiocre, qui renferme quelques manufactures de toiles et d'étoffes grossières.

10. TESSIN, ainsi nommé du fleuve qui y prend sa source, auprès du mont St.-Gothard, et va se jeter dans le Pô, au-dessous de Pavie. *Bellinzona*, chef-lieu de ce canton, n'est qu'un village de peu d'importance.

11. GRISONS. Ce canton renferme des sources d'eaux minérales. *Coire*, petite ville sur le Plessur, en est le chef-lieu ; elle possède quelques édifices remarquables.

12. THURGOVIE. Ce canton est limité au nord-est par le Rhin et le lac de Constance. *Frauenfeld*, sa capitale, sur la March, fut pendant long-temps le siège de la Diète des cantons.

13. APPENZEL. Ce canton, qui n'offre qu'une médiocre étendue, est tout entier renfermé dans le territoire de St.-Gall. *Appenzel*, chef-lieu, est un bourg bien bâti, dans une vallée agréable, auprès de la *Sitter*.

14. VALAIS, est un des trois cantons le plus récemment admis dans la ligue helvétique. Le *Rhône* prend sa source sur son territoire, qu'il traverse dans toute sa longueur, au milieu d'une vallée qui paraît avoir donné son nom au canton. *Sion*, petite ville sur la droite du Rhône, en est la capitale.

15. GENÈVE. Comme le précédent, ce canton ne fait partie de la Confédération que depuis 1815. Tout le monde connaît ses fabriques d'horlogerie. Sa capitale est célèbre par ses sociétés savantes et son commerce, et plus encore pour avoir donné le jour à J.-J. Rousseau.
Le lac de Genève, ou lac *Léman*, se trouve renfermé entre ce canton et celui de Vaud ; c'est le plus étendu des lacs de la Suisse ; sa surface est estimée à 26 lieues carrées ; et son élévation au-dessus du niveau de la mer à 398 mètres.

16. NEUFCHATEL. Ce canton, quoique attaché à la Confédération, appartient à la Prusse, avec le titre de principauté. C'est sans contredit

celui qui renferme le plus d'activité et d'industrie sous le rapport des arts mécaniques. Son terroir est fertile en blé, vin, chanvre, etc.

17. SCHAFFAUSEN ou SCHAFFOUSE, le plus septentrional de la Suisse, et l'un des moins étendus. A une lieue au-dessous de *Schaffouse*, se voit la curieuse chute du Rhin, de 60 pieds d'élévation.

18. SCHWEITZ. Ce canton, l'un des trois premiers de la ligue fédérative avec *Uri* et *Unterwalden*, a donné son nom à la Suisse ; il renferme beaucoup de forêts et plusieurs lacs. Sa capitale n'est qu'un bourg, agréablement situé en amphithéâtre, sur le penchant d'un coteau.

19. URI. Ce canton nourrit de nombreux troupeaux. *Altorf*, chef-lieu, près du *Reuss*, avec un arsenal.

20. UNTERWALDEN, pays riche en pâturages, et bien cultivé. *Stanz*, chef-lieu, au pied d'une montagne, se fait remarquer par la construction élégante et la propreté de ses maisons.

21. GLARIS. Canton entouré de montagnes, dont les habitans s'adonnent spécialement au soin des troupeaux. L'intérieur du pays fournit des cristaux et des antiloes. *Glaris*, chef-lieu, avec un pont d'une construction étonnante, nommé *Pont du Diable*.

22. ZUG, le moins étendu des cantons ; on évalue sa surface à 25 lieues carrées. Son lac est très-poissonneux, surtout en carpes d'une rare grosseur, et en truites excellentes. *Zug*, capitale, n'est qu'une très-petite ville enfermée de murs.

Hauteur de quelques points des montagnes de la Suisse.

	Mètres	Pieds
Mont-Rosa (Valais)	4,630	14,284
Mont-Cervin (idem)	4,347	13,340
Finster-Aarhorn (Berne)	4,202	12,949
Jung-Frau (idem)	4,185	12,898
Mont-Pilate (Lucerne)	2,158	6,649
Grimsel (Berne)	1,750	5,115

PAYS-BAS.

Le royaume des Pays-Bas se compose de la Hollande, de la Belgique, d'une partie de l'ancien évêché de Liége, et du grand-duché de Luxembourg. Sa formation ne remonte qu'à 1814 ; avant cette époque, il se trouvait incorporé à la France comme pays conquis, et divisé en départemens. Le nom de Pays-Bas, donné à ce royaume, indique le peu d'élévation de son terrain, qui en effet se trouve inférieur aux eaux de la mer dans plusieurs provinces du nord, et en serait inondé, comme on en a déjà vu de terribles exemples, en 1820 notamment, sans les fortes digues élevées pour contenir cet élément.

Cet État est renfermé entre le 0° 10' et le 5° de longitude est du méridien de Paris, et entre le 49° 30' et le 53° 26' de latitude nord. Au nord et à l'ouest, la mer du Nord lui sert de limites, au midi la France, à l'est la Confédération germanique. Naturellement il peut se diviser en deux parties, les provinces de la Hollande au nord, et au sud celles de la Belgique.

La Hollande, entrecoupée par une foule de canaux très-favorables à l'extension du commerce, renferme une grande quantité de prairies et de tourbières ; le sol en est marécageux et humide, on y récolte du blé de Turquie, du chanvre, de l'orge, des légumes de toutes sortes, et du tabac ; elle nourrit une immensité de volailles et de bestiaux ; un grand nombre de manufactures occupent une partie des habitans, tandis que d'autres étendent le commerce au-delà des mers, ou vont dans les glaces du nord se livrer à la pêche, qui elle-même offre une source productive de richesses. La Hollande formait anciennement une république, célèbre par ses succès et ses découvertes maritimes. Divisée en sept provinces, chacune d'elles avait ses États particuliers, soumis à un chef (stathouder) chargé du pouvoir exécutif. Après avoir été réunie à la France en 1795, elle fut constituée en royaume en 1807, et de nouveau jointe à la France trois ans après, jusqu'en 1814, qu'elle en fut séparée pour entrer dans la composition du royaume dont elle fait aujourd'hui partie.

La Belgique est fertile en grains de toute espèce, en fruits et en pâturages ; comme en Hollande, on y élève considérablement de volailles et de bestiaux. Elle possède plusieurs fabriques renommées pour la confection des toiles ; dans nombre d'endroits on exploite avec activité les mines de charbon de terre et de houille. A une époque déjà éloignée, plusieurs des provinces qui composent la Belgique faisaient partie des possessions de l'Espagne, sous le nom de Flandre.

L'État est gouverné par un roi, et le pouvoir législatif partagé entre le souverain et la Chambre des députés des provinces, qui siège alternativement chaque année à Bruxelles et à Amsterdam.

La religion catholique domine dans la Belgique ; le protestantisme est plus répandu dans la Hollande. Le roi et sa famille sont protestans.

Tableau des dix-huit provinces composant le royaume des Pays-Bas.

Provinces	Population	Capitales	Population
Groningue	145,100	Groningue	27,800
Frise	187,800	Leeuwarden	17,500
Drenthe	48,400	Assen	1,453
Over-Yssel	183,300	Zwoll	12,500
Hollande	347,375	Amsterdam	198,000
Utrecht	112,000	Utrecht	32,700
Gueldres	259,100	Arnheim	9,500
Zélande	123,500	Middelbourg	15,000
Brabant septentrional	300,900	Bois-le-Duc	13,100
Brabant méridional	452,320	Bruxelles	72,668
Anvers	308,800	Anvers	60,005
Limbourg	307,500	Maëstricht	18,170
Flandre Occidentale	612,900	Gand	62,757
Flandre Orientale	575,000	Bruges	35,147
Hainaut	457,400	Mons	22,000
Namur	186,700	Namur	16,315
Liége	300,000	Liége	46,635
Luxembourg	274,000	Luxembourg	9,551

AMSTERDAM, ville grande et commerçante, traversée par une multitude de canaux, et construite en grande partie sur pilotis, offre quelques édifices remarquables, tels que la Banque, la Bourse, l'Amirauté, et un Arsenal magnifique. Cette ville était la capitale de l'ancienne Hollande; elle l'est aujourd'hui des Pays-Bas; elle renferme plusieurs établissements publics, diverses écoles et académies savantes. Les canaux dont la ville est remplie y ont fait multiplier les ponts; on en compte jusqu'à deux cent quatre-vingt, entre autres un superbe sur l'*Amstel*.

Au nord d'Amsterdam s'étend le *Zuyderzée*, golfe dont on attribue la formation à un débordement de la mer, qui, en 1225, se répandit dans le pays, et engloutit un grand nombre de villages avec leurs habitans.

Les autres villes remarquables de la Hollande sont : *La Haye*, où réside habituellement le roi des Pays-Bas; cette ville a 44,000 habitans; *Harlem*, ville riche par ses fabriques et ses blanchisseries de toiles; elle dispute à Mayence et à Strasbourg l'honneur de l'invention de l'imprimerie; population, 21,200 habitans; *Rotterdam*, sur la Meuse, patrie du savant Érasme, et la seconde ville de la Hollande; 58,600 habitans; *Leyde*, célèbre par son Université; 30,000 habitans; *Utrecht*, où se conclurent plusieurs traités, entre autres celui de 1679, qui avait pour objet d'affranchir la Hollande du joug de l'Autriche; *Groningue*, ville importante, avec une Université renommée; *Sardam*, sur le Zuyderzée, un des principaux chantiers de construction pour la marine hollandaise; le czar Pierre-le-Grand y fit, dans ses voyages, l'apprentissage de charpentier.

BRUXELLES, seconde capitale des Pays-Bas, ville magnifique et agréablement située, à laquelle la proximité et les relations de la France semblent donner un nouvel lustre. *Waterloo*, village célèbre par un grand désastre, se trouve à 4 lieues au sud-est de cette ville.

Anvers, ville forte, partagée intérieurement par des canaux, c'est la patrie de Ténieurs, de Rubens, et de plusieurs autres peintres illustres. Les Français soutinrent en 1814, dans ses murs, un siège meurtrier contre les armées des puissances alliées.

Namur, souvent compris par les Français. Sur le territoire de cette province ou trouve *Ligny Bouvignes* et *Fleurus*, célèbres par les batailles que les Français y ont livrées à différentes époques (1627, 1690, 1794).

Gand, patrie de Charles-Quint, bâtie sur plusieurs petites îles; *Mons*, fameuse par les sièges qu'elle a soutenus, prise pour la première fois par Louis XIV en 1691.

Liége, capitale de l'évêché de ce nom, ville commerçante et manufacturière. Les eaux de *Spa*, petite ville à 6 lieues de Liége, jouissent d'une célébrité européenne.

Luxembourg, que sa position et ses fortifications rendent une des places les plus fortes de l'Europe. Cette ville a été prise deux fois par les Français, en 1684 et en 1795. Cette dernière province, quoique dépendant du royaume des Pays-Bas, fait partie de la Confédération germanique.

COLONIES.

Indes orientales : *Java, Sumatra, Moluques*, 6,738,300 habitans; *Mosqué; Fort-Nassau*, à la Côte-d'Or, 15,000 habitans.

Amérique : *Îles S.-Eustache et de Saba, colonie de Paramaribo*, 90,000 habitans.

CONFÉDÉRATION GERMANIQUE.

Les États compris sous la dénomination de Confédération germanique, et qui forment l'Allemagne proprement dite, se composent de diverses souverainetés particulières, indépendantes les unes des autres pour leur administration intérieure, et se unies de plusieurs provinces inhérentes au territoire d'États voisins et en faisant partie. Les affaires qui intéressent l'ordre commun se traitent dans les assemblées de la Diète germanique, composée des représentans de tous les États, chacun dans la proportion de son importance, et convoquée à Francfort-sur-le-Main, sous la présidence de l'empereur d'Autriche, sans que cette prérogative purement honorifique, et qu'il ne doit qu'à son rang, comme étant le plus puissant des membres de la Confédération, confère à ce monarque d'autres droits que ceux qu'il tient de sa couronne pour les États qui lui sont soumis.

Les États de la Confédération sont bornés au nord par la mer du Nord, le Danemarck et la mer Baltique; à l'est, par la Prusse occidentale, la Pologne, la Gallicie, la Hongrie; au sud, par la mer Adriatique, l'Italie et la Suisse; à l'ouest, par la France et les Pays-Bas.

La population générale de toutes les parties qui entrent dans la Confédération s'élève à 32,070,200 habitans, et roulent à 14,992,965 habitans, sur une étendue de 14,545 lieues carrées, en se bornant aux seuls États circonscrits dans l'Allemagne.

La formation de la Confédération, telle qu'elle existe aujourd'hui, ne remonte qu'à 1815, depuis 1802 jusqu'alors, elle avait pris le titre de Confédération du Rhin. Avant cette époque, le Corps germanique était divisé en neuf Cercles, et comprenait à peu près la même étendue qu'il occupe maintenant. On y compte quatre souverainetés ayant le titre de royaume, cinq grands-duchés, neuf duchés, dix principautés, un landgraviat, et quatre républiques, formées du territoire des quatre villes libres, sans parler des provinces de l'Autriche et de la Prusse, du grand-duché de Luxembourg, qui fait partie du royaume des Pays-Bas; du grand-duché d'Holstein et Lauenbourg, qui appartient au Danemarck, et du grand-duché du Bas-Rhin, qui comprend les provinces dépendantes du royaume de Prusse.

L'industrie a de bonne heure signalé ses progrès dans l'Allemagne. S'il en faut croire l'opinion la plus généralement reçue, c'est dans son sein que furent faits, vers le milieu du quinzième siècle, les premiers essais de l'art de l'imprimerie; on retrouve encore les manufactures de draps de la Moravie, les tissus de soie de Vienne, de Goritz et de Berlin, les porcelaines de Saxe, les verreries de Bohême, la fabrication et l'affinage des métaux, et surtout des aciers; le commerce y est florissant, et rivalise d'efforts avec l'industrie pour soutenir la prospérité générale. Des long-temps les savans de l'Allemagne ont acquis une célébrité méritée pour leurs utiles découvertes dans les sciences, et les progrès qu'ils ont fait éprouver aux lettres. Sous le rapport des productions naturelles, ce pays n'a rien à envier aux États les plus fertiles; des forêts d'une immense étendue fournissent à la marine des bois propres à la construction; des mines riches et précieuses présentent à l'exploitation une grande variété de métaux, principalement de fer, dont l'élaboration répand le mouvement et l'activité dans une multitude d'usines et de fabriques.

Plus de la moitié de la population allemande suit la religion catholique;
les luthériens et réformés viennent ensuite, presque aussi nombreux; le reste est composé en grande partie de juifs.

Le gouvernement est presque généralement absolu dans les États de la Confédération, pour ce qui concerne l'administration particulière de chacun d'eux.

Le tableau qui suit n'embrasse que ceux des États de la Confédération qui paraissent y appartenir exclusivement, sans entrer dans la composition d'États voisins; l'on trouvera, aux articles de la Prusse, de l'Autriche, du Danemarck et des Pays-Bas, les détails concernant les provinces de ces puissances, qui entrent dans la ligue germanique.

	Souverainetés	Population	Capitales	Population
Royaumes.	Bavière	3,656,800	Munich	60,015
	Wurtemberg	1,546,000	Stuttgart	35,600
	Saxe	1,586,000	Dresde	52,000
	Hanovre	1,463,560	Hanovre	26,000
	Bas-Rhin	3,291,705	Düsseldorf	26,055
Grands-Duchés.	Bade	1,012,700	Carlsruhe	16,053
	Hesse-Darmstadt	87,000	Darmstadt	18,530
	Saxe-Weimar-Eisenach	211,000	Weimar	9,000
	Mecklembourg-Schwerin	417,950	Schwerin	10,230
	Mecklembourg-Strélitz	78,000	New-Strélitz	5,150
	Saxe-Meiningen	130,400	Meiningen	4,000
	Saxe-Altenbourg	106,500	Altenbourg	11,000
	Saxe-Cobourg-Gotha	140,800	Cobourg	8,154
Duchés.	Brunswick	210,408	Brunswick	36,000
	Holstein-Oldenbourg	218,700	Oldenbourg	6,000
	Nassau	302,000	Wiesbade	6,150
	Anhalt-Dessau	56,000	Dessau	9,500
	Anhalt-Bernbourg	36,400	Bernbourg	3,500
	Anhalt-Kœthen	33,500	Kœthen	3,500
	Hesse-Cassel	568,100	Cassel	20,638
	Schwarzbourg-Sondershausen	45,000	Sondershausen	3,500
	Schwarzbourg-Rudolstadt	53,500	Rudolstadt	4,500
Principautés.	Hohenzollern-Hechingen	14,000	Hechingen	2,600
	Hohenzollern-Sigmaringen	38,000	Sigmaringen	877
	Liechtenstein	5,800	Liechtenstein	0,157
	Reuss	78,800	Greiz	3,700
	Lippe-Detmold	75,700	Detmold	2,000
	Schaumbourg-Lippe	25,500	Buckebourg	2,061
	Waldeck	52,000	Corbach	2,061
	Landgraviat de Hesse-Hombourg	20,400	Hombourg	2,984

VILLES LIBRES.

Francfort-sur-le-Main	58,000	Brême	58,000
Lubeck	22,000	Hambourg	106,000

Le royaume de *Bavière* est divisé en deux parties par le Wurtemberg; l'une, orientale, traversée par le Danube, et l'autre, occidentale, bornée par le Rhin, qui la sépare du grand-duché de Bade. Le gouvernement de cet État est monarchique représentatif; et les Bavarois professent généralement le catholicisme. Les villes remarquables sont Munich, capitale et résidence ordinaire du roi. Elle renferme un grand nombre d'édifices d'une grande beauté, et principalement le Palais du roi, qui passe pour un des plus grands et des plus beaux qui soient en Europe; *Augsbourg*, riche et commerçante, célèbre par la profession de foi des protestans en 1530, dite *confession d'Augsbourg*; population : 33,500 habitans, et *Nuremberg*, une des plus florissantes de l'Allemagne : 31,065 habitans. C'est dans cette dernière ville que Pierre Hélé inventa les premières montres, qui portèrent d'abord le nom d'*œufs de Nuremberg*, du lieu de leur invention.

Le *Wurtemberg*, qui occupe la presque totalité de l'ancienne Souabe, est borné au nord et à l'est par la Bavière, au midi et à l'ouest par le grand-duché de Bade et le lac de Constance. Sa capitale est STUTTGART, sur le Neckar, avec de beaux édifices et de riches manufactures. *Ulm*, ville forte, sur le Danube, prise par les Français en 1805. La religion luthérienne domine dans ce royaume.

Le royaume de *Saxe* est renfermé entre la Prusse au nord et à l'est, la Bohême au sud, et les duchés de Saxe à l'ouest. Sa capitale est DRESDE, sur l'Elbe. *Leipzig*, ville commerçante, avec une Université renommée, patrie de Leibnitz, est encore célèbre par la sanglante bataille livrée en 1813 près de ses murs, par les Français contre les Autrichiens, les Russes et les Prussiens. Les quatre duchés de *Saxe-Weimar*, *Saxe-Altenbourg*, *Saxe-Meiningen* et *Saxe-Cobourg-Gotha*, qui s'étendent à l'ouest de ce royaume, appartiennent à la maison de Saxe. Le protestantisme est la religion la plus répandue dans ce royaume; cependant la famille royale et plusieurs grands seigneurs sont catholiques. Entre autres produits remarquables de l'industrie en Saxe, on doit principalement citer les glaces et les porcelaines; on en tire aussi des laines estimées.

Le *Hanovre*. Ce royaume, qui est un fief de la couronne d'Angleterre, est borné au nord par le Danemarck, le grand-duché de Mecklenbourg et la mer du nord; au midi et à l'est, par le royaume de Prusse et la Hesse électorale; à l'ouest, par le duché d'Oldenbourg et le royaume des Pays-Bas. Le gouvernement de ce royaume est représentatif, et la religion luthérienne y est la plus généralement répandue. Les chevaux que l'on en tire sont aussi estimés que ceux du Mecklenbourg. Après HANOVRE, capitale, sur la Leine, la ville de ce royaume qui mérite plus d'attention est *Gottingen*, fameuse par son université, l'une des plus renommées et des plus fréquentées de l'Allemagne.

Le titre de royaume n'appartient à ces quatre États que depuis 1806 pour les trois premiers, et depuis 1815 seulement pour le Hanovre.

Le grand-duché de *Bas-Rhin*, qui appartient à la Prusse depuis 1815, se divise en trois provinces, subdivisées en huit régences. Il est borné au nord par le Hanovre, à l'ouest par les Pays-Bas, au sud par la France, et à l'est par le duché de Nassau et la Hesse électorale. Les villes principales sont, *Dusseldorf*, capitale, au confluent de la Dussel et du Rhin; *Cologne*, ancienne capitale de l'électorat de ce nom, patrie de Rubens et de Rembrandt, peintres célèbres; on y compte 56,450 habitans; *Aix-la-Chapelle*, où résidait et est enterré l'empereur Charlemagne : 33,632 habitans; *Coblentz*, ville forte, sur le Rhin. Les catholiques composent les deux tiers de la population de ce duché, où l'on recueille, entre autres productions, d'excellens vins, connus sous le nom de vins du Rhin.

Le grand-duché de *Bade* est borné au nord par la Hesse-Darmstadt, au midi par la Suisse, à l'est par le Wurtemberg et la Bavière, à l'ouest par le Rhin. Les villes principales sont, *Carlsruhe*, capitale, bâtie depuis un siècle environ; *Rastadt*, petite ville, célèbre par le congrès qui s'y tint en 1798, relatif aux affaires de la France et de l'Allemagne; et *Bade*, fréquentée à cause de ses eaux minérales.

Les villes qui sont à remarquer dans les autres États de la Confédération sont principalement, *Mayence*, dans le grand-duché de Hesse-Darmstadt, ville forte, jadis capitale de l'électorat de ce nom, renommée pour ses excellens jambons, et qui dispute à Strasbourg et Harlem l'honneur d'avoir inventé l'imprimerie en 1440; *Iéna*, dans le duché de Saxe-Weimar, près de laquelle les Français remportèrent, en 1806, la brillante victoire qui leur ouvrit les portes de Berlin, et les rendit maîtres de la Prusse; *Lubeck*, ville commerçante, et anciennement chef-lieu de cette fameuse ligue anséatique formée pour défendre le commerce de la mer Baltique contre les entreprises des pirates, et qui comptait soixante-quatre villes; *Hambourg*, ville puissante et riche, qui fait honneur de sa fondation à Charlemagne; *Brême* ou *Bremen*, sur le Weser, avec de belles manufactures; *Francfort-sur-le-Main*, siège de la Diète fédérative. Ces quatre dernières villes forment autant de républiques, riches de l'industrie de leurs habitans, autant que de l'étendue et de l'importance de leur commerce.

PRUSSE.

Cette monarchie se compose de trois parties séparées les unes des autres par d'autres États : 1° la Prusse proprement dite; 2° le grand-duché de Bas-Rhin, qui fait partie de la Confédération germanique, et cédé par la France en 1815; 3° la principauté de Neuchâtel, qui est au nombre des cantons suisses. On a vu ce qui concerne ces deux dernières possessions aux articles de la Suisse et de la Confédération : il reste à parler des provinces qui constituent la Prusse propre, et dont l'ensemble est borné au nord par la mer Baltique et le grand-duché de Mecklenbourg, au mipar l'empire d'Autriche et la Saxe; à l'ouest par le Hanovre et la principauté de Hesse-Cassel, et à l'est par la Pologne.

La population de toutes les parties soumises à la monarchie prussienne est évaluée à 11,370,168 habitants, sur une étendue carrée de 12,570 lieues, réduite à 6,222,624 habitants, et 10,568 lieues carrées pour la Prusse propre. Les luthériens composent plus de la moitié de la nation, et les catholiques à peu près les deux tiers du reste.

Cette puissance, dont les conquêtes du grand Frédéric et le démembrement de la Pologne avaient considérablement agrandi les possessions, s'en était vu dépouillé en grande partie dans ses guerres malheureuses contre la France. Le congrès de Vienne, en lui restituant toutes ses anciennes provinces en 1815, lui permit d'y joindre l'acquisition d'une partie de la Saxe et de la Westphalie, qui, avec les duchés de Clèves et Berg, et du Bas-Rhin, composent aujourd'hui le grand-duché du Bas-Rhin.

Le gouvernement de ce royaume est soumis à une monarchie presque absolue, malgré ses promesses depuis long-temps annoncées d'une constitution. Les provinces nouvellement acquises ont conservé, à peu de changemens près, les formes de leur ancienne administration.

Le sol, dans plusieurs provinces de la Prusse, est fertile en toutes sortes de graines; on y recueille aussi du vin, mais en petite quantité; et généralement les terres sont cultivées avec soin, et d'un rapport avantageux. De belles manufactures, formées depuis un petit nombre d'années, font fleurir l'industrie nationale, tandis que les lettres et les sciences rivalisent d'émulation pour propager l'instruction et les lumières.

Tableau des divisions de la Prusse proprement dite.

	Provinces.	Population.	Capitales.	Population.
Tout partie de la Confédération.	Brandebourg.	1,367,856	Berlin.	191,307
	Poméranie.	728,560	Stettin.	23,800
	Silésie.	2,178,931	Breslau.	78,150
	Saxe.	1,200,500	Magdebourg.	36,647
	Prusse-occidentale.	1,086,305	Kœnigsberg.	65,800
	Prusse-orientale.	632,437	Dantzig.	55,843
	Posen.	932,587	Posen.	24,598

La Prusse possède dans la mer Baltique trois îles, dont la plus considérable est l'île de Rugen, vis-à-vis Stralsund, peuplée de près de 30,000 habitans; les deux autres, moins étendues, sont *Wollin* et *Usedom*, toutes deux entre les embouchures de l'Oder.

VILLES PRINCIPALES.

BERLIN, capitale, sur la Sprée, ville riche et magnifique, entourée de fortifications, et divisée en plusieurs parties, qui sont gouvernées chacune par un magistrat. Un commerce étendu, et l'activité de plusieurs belles manufactures qu'elle renferme, rendent cette ville aussi opulente que ces nombreux édifices et ses établissemens en tous genres la rendent digne de l'attention des étrangers; les Français y entrèrent en 1806. A quelques lieues au sud-ouest se trouve *Potsdam*, résidence royale, où l'on voit un château magnifique, et nombre de jolies maisons de plaisance.

Stettin, sur l'Oder, sert d'entrepôt au commerce de la Prusse et de la Pologne.

Breslau, deuxième ville du royaume, renferme une multitude d'établissemens publics remarquables, entre autres quatorze bibliothèques et une Université renommée.

Magdebourg, capitale du duché de Saxe, défendue par des fortifications, renferme un superbe arsenal. Les Français s'en emparèrent en 1806 de cette ville, après un siège long et sanglant. Dans la même province, *Erfurt*, célèbre par le congrès qui réunit dans ses murs, en 1808, les trois empereurs de France, d'Autriche et de Russie; *Rosbach* et *Lutzen*, villages signalés, le premier par une défaite, le second par une victoire des Français en 1757 et 1813.

Kœnigsberg, place forte, sur le *Frische-Haff*, à l'embouchure de la Prégel. A quelque distance de cette ville, et vers le sud-est, se rencontrent les deux petites villes d'*Eylau* et *Friedland*, près desquelles les Français remportèrent deux grandes victoires en 1807; et plus au nord, *Tilsitt*, où se conclut, après une entrevue des empereurs Napoléon et Alexandre, le 9 juillet de la même année, le traité de paix qui fut le fruit de cette double victoire. On trouve aussi dans cette province la petite ville de *Thorn*, patrie du célèbre astronome Copernic, déclarée libre par le congrès de 1815.

Dantzig, ville forte et port de mer, sur la Baltique, est le centre de tout le commerce du nord. Elle n'appartient à la Prusse que depuis 1793; avant cette époque elle était du nombre des villes libres anséatiques. Cette ville eut à soutenir, en 1807, un siège mémorable contre les Français, auxquels elle ne se rendit qu'après une défense héroïque.

Posen. Une grande partie de la population de cette ville est composée de juifs, qui y traitent presque tout le commerce.

POLOGNE.

Depuis près d'un demi-siècle, ce royaume a changé plusieurs fois de face; gouverné par des souverains particuliers jusqu'en 1772, les troubles intérieurs survenus à cette époque servirent de prétexte aux envahissemens de trois puissances voisines, la Russie, la Prusse et l'Autriche, qui se partagèrent une partie de ce royaume comme une dépouille, et s'emparèrent du reste en 1793 et 1795. Les conquêtes de la France sur la Prusse en 1807 en détachèrent les provinces polonaises, qui furent érigées en souveraineté indépendante, et attribuées au roi de Saxe sous le titre de grand-duché de Varsovie. Ce fut ce gouvernement qui, avec quelques provinces échappées aux démembremens, servit à composer en 1814 le nouveau royaume de Pologne, soumis à la Russie, et gouverné par un vice-roi au nom de l'empereur.

Les bornes de la Pologne sont, au nord et à l'ouest, la Prusse ; à l'est la Russie, et au sud l'Autriche. On la divise en huit provinces ou waiwodies, sans comprendre le gouvernement libre de la ville de Cracovie et de son territoire. La population de cet État se compose de 3,849,000 habitans sur 5,733 lieues carrées, qui se trouvent confondues dans l'empire de Russie.

Les Polonais sont braves, belliqueux, et passionnés pour la liberté. Si l'on en excepte les Juifs, qui composent un seizième des habitans, et se sont emparés de la plus grande partie du commerce de la Pologne, presque toute la nation professe la religion catholique.

Tableau des divisions de la Pologne.

Provinces ou waiwodies	Population	Capitales	Population
Augustowo	360,550	Suwalky	3,000
Plock	272,600	Plock	600
Mazovie	456,550	Warsovie	106,850
Sandomirz	436,009	Radom	1,800
Posnanie	395,300	Sieclice	2,223
Lublin	502,300	Lublin	10,800
Kalisch	553,500	Kalisch	7,310
Cracovie	451,300	Kielce	3,600
République de Cracovie	131,000	Cracovie	23,760

Varsovie et *Lublin* sont les deux seules villes un peu importantes que renferme le royaume actuel de Pologne.

Varsovie, capitale du royaume, sur la Vistule, présente de beaux édifices et plusieurs monumens remarquables, tels que la statue colossale de Sigismond III, et le monument élevé à la mémoire du magnanime Kosciusko.

RÉPUBLIQUE DE CRACOVIE.

La ville de *Cracovie*, avec trois autres villes et soixante-dix-sept villages, composent, au sud de la Pologne, cette petite république, qui doit sa formation au congrès de Vienne, et dont tout le territoire n'embrasse pas 60 lieues carrées d'étendue. Son administration, confiée à un Président dont les fonctions ne durent pas au-delà de trois ans, est soumise à la surveillance de la Russie, de l'Autriche et de la Prusse, qui lui ont imposé entre autres conditions celle de ne pouvoir donner asyle à aucun criminel poursuivi par les lois de l'une des trois puissances.

AUTRICHE.

Cet empire, avec toutes les provinces qui en font partie, tant celles qui entrent dans la Confédération germanique que celles de l'Autriche proprement dite, qui sont héréditaires de la couronne, et les possessions d'Italie et de Dalmatie acquises en 1814, est borné au nord par la Russie, la Pologne, la Prusse et la Saxe ; à l'ouest par la Bavière, la Suisse et la Sardaigne ; au sud par les duchés de Modène et de Parme, l'État de l'Église, la mer Adriatique et la Turquie, qui lui sert également de limite à l'est. On le divise en onze provinces, dont sept font partie de la ligue germanique.

La position de cet empire sous différentes latitudes en rend nécessairement le climat très-varié ; l'air y est sain, et le sol fertile en toutes sortes de productions, telles que le blé, le riz, le lin, le coton, les huiles et le vin. On y trouve des mines de plusieurs métaux, et principalement de fer, de plomb, de cuivre, d'argent, et même d'or. Ce n'est guère que depuis un demi-siècle que l'industrie s'y est montrée avec quelque éclat, en fondant de nombreuses manufactures qui soutiennent et font fleurir le commerce.

L'empereur, descendant de l'ancienne maison des archiducs d'Autriche ; dans laquelle la couronne est depuis long-temps héréditaire, gouverne en maître absolu les États soumis à sa domination ; quelques provinces cependant, la Hongrie entre autres, ont retenu une faible partie de leurs anciennes prérogatives, en conservant leurs États et leurs représentants.

La population des États de l'Autriche s'élève à 29,502,345 habitans, dont 19,833,655 pour les provinces étrangères à la Confédération germanique. Près des cinq sixièmes de la nation suivent le culte catholique ; le reste se compose de luthériens, réformés, juifs, etc.

Tableau indicatif des grandes divisions de l'Empire d'Autriche.

Provinces	Population	Capitales	Population
Prov. au-dessus de l'Ens	1,119,000	Vienne	255,043
Prov. au-dessus de l'Ens	685,500	Linz	19,683
Styrie	767,800	Grætz	30,120
Illyrie	1,078,900	Laybach	9,887
Tyrol	745,100	Inspruck	10,500
Bohême	3,200,000	Prague	90,880
Moravie	1,710,000	Brunn	35,500
Galicie	3,855,455	Lemberg	41,956
Hongrie	11,444,000	Bude ou Ofen	45,880
Lombard.-Vénitien	4,177,000	Milan	129,657
Dalmatie	319,500	Zara	6,600

1 et 2. Les provinces qui s'étendent *au-dessus* et *au-dessous de l'Ens*, que l'on désigne aussi par *Haute* et *Basse-Autriche*, et qui composent l'archiduché d'Autriche, sont bornées au nord par la Bohême et la Moravie, au sud par le duché de Styrie, à l'ouest par la Bavière, et à l'est par la Hongrie.

Linz est la ville principale de la Haute-Autriche ; elle est bâtie sur le Danube, et entourée de fortifications.

Vienne, capitale de la Basse-Autriche et de tout l'Empire, n'offre pas, malgré quelques beaux édifices, toute la magnificence que l'on doit attendre d'un aussi puissant empire. Les Français y sont entrés deux fois victorieux, en 1805 et en 1809.

On remarque encore, dans la Basse-Autriche, *Baden*, renommée pour les eaux thermales qu'elle possède, et *Wagram*, village à deux lieues de Vienne, auprès duquel se livra, le 9 juillet 1809, la célèbre bataille de ce nom, entre les Français et les Autrichiens.

3. Le duché de *Styrie*, au sud de l'Autriche, se divise aussi en *Haute* et *Basse-Styrie*.

Grætz, capitale de cette province, est une ville riche par son commerce, et ses belles manufactures d'ouvrages en fer et acier. Ce qu'elle offre de plus remarquable est la citadelle qui domine la ville, bâtie sur un rocher haut de 700 pieds.

4. Le royaume d'*Illyrie*, le long des côtes septentrionales de la mer Adriatique, se divise en deux gouvernemens, la *Carniole* et l'*Istrie*.

Les villes principales de cette province sont : *Laybach*, capitale, célèbre par le congrès qui s'y tint en 1821, à l'occasion de la révolution survenue à Naples ; et *Trieste*, ville très-commerçante, avec un port de mer sur le golfe du même nom. Elle renferme 36,000 habitans.

5. Le comté du *Tyrol*, au sud de la Bavière, se divise en trois cercles, savoir : le *Vorarlberg*, le *Tyrol allemand* et le *Tyrol italien*. L'aspérité des montagnes qui couvrent le Tyrol rappelle les sites de la Suisse, dont il est voisin. Comme ceux de cette république, les Tyroliens des montagnes sont pour la plupart pasteurs ou chasseurs.

Inspruck, capitale du Tyrol, sur l'Inn, ville commerçante, a été prise par les Français en 1809.

6. La *Bohême*, au nord de l'archiduché d'Autriche, formait, dans les temps anciens, un royaume particulier. Cette province fournit des grains, des foins, des chevaux et de toutes sortes de métaux en abondance ; ses verreries ont une célébrité qui les a fait rechercher pendant long-temps. Les montagnes qui entourent la Bohême de tous les côtés contiennent de nombreuses sources d'eaux minérales, parmi lesquelles on distingue celles de *Teplitz*, *Carlsbad*, *Egra*, et surtout celles de *Sedlitz*.

Prague, capitale de la Bohême, sur la Muldaw, est une des plus fortes places de l'Autriche. On se souvient du fameux siège qu'y soutint, en 1742, le brave Chevert, lors de la belle retraite du maréchal de Belle-Isle.

7. La *Moravie*. Cette province, qui porte le titre de marquisat, est renfermée entre la Bohême, la Prusse, la Hongrie et l'archiduché d'Autriche.

Sa ville capitale est *Brunn*, près de la Swarta, défendue par le château de Spielberg, élevé sur une hauteur voisine de la ville. — *Austerlitz*, petite ville célèbre par la glorieuse victoire qu'y remportèrent les Français en 1805, se rencontre à dix lieues au sud-est de Brunn.

8. La *Galicie* est bornée au nord par la Pologne, au sud et à l'ouest par la Hongrie, à l'est par la Turquie et la Russie. Cette province est la plus fertile de l'Empire. Parmi les nombreuses mines que renferment ses montagnes, celles de sel gemme sont les plus abondantes.

Lemberg ou *Lwow*, capitale, sur la Peltew, peuplée en grande partie de juifs, possède une Université renommée et de beaux édifices.

9. Le royaume de *Hongrie*, qui forme la province la plus étendue de l'Autriche, occupe en grande partie le pays désigné, sous les Romains, par les noms de Pannonie et Dacie. Il comprend dans ses divisions la

Transylvanie, la Bukowine, la Croatie et l'Esclavonie, et est borné au nord par la Galicie et la Moravie, à l'est et au sud par la Turquie, et à l'ouest par la Styrie et l'archiduché d'Autriche. Fermée au nord et en grande partie à l'est par les monts Krapacks, qui décrivent sur ces directions un arc de près de 300 lieues d'étendue, la Hongrie possède, dans les différentes branches détachées de cette vaste chaîne, une multitude de coteaux couverts de vignes qui produisent d'excellens vins, parmi lesquels on distingue principalement les vins de Tokai, qui passent pour les premiers du globe, et dont la cour d'Autriche possède tout le vignoble : au centre et au sud, le pays offre des plaines vastes et bien cultivées ; depuis long-temps la couronne exploite les mines que renferment les montagnes, et qui paraissent inépuisables.

Bude ou *Ofen*, capitale de la Hongrie, sur la rive droite du Danube, vis-à-vis de *Pest*, ville considérable, bâtie sur la rive opposée de ce fleuve ; un pont de bateaux établit la communication entre ces deux villes. Les Turcs, dans les différentes guerres qu'ils ont soutenues contre la Hongrie, se sont plusieurs fois emparés de Bude, et l'ont occupée pendant un bon nombre d'années. Cette ville possède des eaux thermales, et un vignoble renommé dans ses environs.

Presbourg, ancienne capitale de ce royaume, a conservé quelques restes de sa grandeur passée. L'empereur, à son avènement au trône, vient y recevoir l'investiture de la couronne, en sa qualité de roi de Hongrie.

10. Le royaume *Lombard-Vénitien*, au nord de l'Italie, appartient à l'Autriche, ainsi que l'Illyrie et la Dalmatie, que depuis 1814. Il est formé des États de Venise, de la Lombardie, et des duchés de Mantoue et de Milan, et se divise en dix-neuf provinces ou cantons. Ses bornes sont, au nord, le Tyrol ; à l'est, l'Illyrie et le golfe de Venise ; au sud, les duchés de Parme et de Modène, et les États de l'Église ; à l'ouest, le Piémont et la Suisse.

Parmi les villes remarquables que renferme ce royaume, on distingue principalement :

Milan, capitale, sur l'Olona, ville superbe, enrichie d'un grand nombre de beaux monumens, entre autres la Cathédrale, dite le Dôme, couverte en marbre, le Théâtre de la Scala, le Forum, la Bibliothèque Ambroisienne, etc.

Venise vient après Milan pour la richesse et la beauté de ses édifices, et sa population, qui s'élève à 109,600 habitans. Cette ville, bâtie sur pilotis, au milieu d'une multitude de petites îles qui communiquent entre elles par plus de 300 ponts, la plupart en marbre, et près de l'embouchure de l'Adige et du Pô, est remarquable par la magnificence de ses constructions. Elle formait autrefois une république puissante, et riche par son commerce maritime.

Vérone, belle et grande ville, sur l'Adige, avec 60,360 habitans, est la patrie de Pline l'ancien, Catulle, Vitruve, Corn. Népos, Paul Véronèse, etc.

Mantoue, au milieu des marais formés par le lac Mincio, est célèbre par plusieurs sièges. Les François s'en rendirent maîtres en 1797. Population : 24,578 habitans.

Pavie, à sept lieues au sud de Milan, possède une fameuse Université qui fait remonter sa fondation à Charlemagne. François Ier y fut fait prisonnier en 1525, après la funeste bataille de ce nom ; plus heureux quelques années auparavant, ce prince avait triomphé des Suisses et du duc de Milan à *Marignan*, qui n'est qu'à peu de distance de Pavie.

11. La *Dalmatie* est la plus méridionale des provinces de l'Autriche, et longe les côtes orientales de la mer Adriatique ; elle comprend toutes les îles qui bordent ces côtes. Le sol en est fertile en vins, en graines et en fruits.

Avec *Zara*, qui en est la capitale, on remarque, dans la Dalmatie, *Raguse*, ville située à l'extrémité sud, sur la mer, où elle a un port défendu par des fortifications. Cette ville, dont la population s'élève à plus de 12,000 habitans, formait anciennement une petite république.

ESPAGNE ET PORTUGAL.

La vaste péninsule qui renferme ces deux royaumes occupe, avec la Grèce, la position la plus méridionale de l'Europe. Séparée de la France au nord-est par la chaîne des Pyrénées, qui s'étend d'une mer à l'autre, elle est baignée par la mer sur tous les autres points. Elle embrasse une étendue de 250 lieues de long et de 200 de large. Son climat, auquel ses différentes positions de latitude et de hauteur apportent de grandes variétés, peut se diviser, d'après sa nature même, en deux parties, l'une tempérée et se rattachant à l'Europe, l'autre brûlante et rapprochée du climat de l'Afrique, avec lequel elle a la double conformité de la température et des productions. Le sol est généralement fertile et productif, surtout en vins liquoreux et recherchés ; on y recueille aussi du coton, du poivre, du blé, des oranges, des dattes, des citrons ; mais la culture des terres est très-négligée. Les montagnes renferment des mines où abondent le cuivre, l'étain, le plomb, le fer, et même l'or et l'argent. La même incurie qui fait abandonner les soins de l'agriculture empêche de tirer de l'exploitation de ces mines tout l'avantage qu'on en peut attendre.

De l'immense chaîne des Pyrénées se détachent d'autres branches moins considérables : la première s'étend jusqu'au cap Finistère, au nord-ouest, et prend le nom de *Montagnes des Asturies*; la seconde, sous le nom d'*Estrella*, se prolonge jusqu'à l'embouchure du Tage dans le Portugal; la troisième, qui forme les *Montagnes de Tolède*, sépare le Tage de la Guadiana; et la quatrième, sous le nom de *Sierra Morena*, ou *Montagnes Noires*, prend naissance à l'extrémité sud de la Vieille-Castille, et se partage en deux. Plusieurs de ces montagnes contiennent des sources d'eaux minérales, et toutes se couvrent d'immenses forêts et de riches vignobles, ou offrent des vallons fertiles, arrosés par de nombreux torrens, et des pâturages abondans où paissent des troupeaux de toute espèce, et particulièrement de brebis dont la laine est estimée pour sa beauté et sa finesse.

Des six fleuves ou grandes rivières qui arrosent la Péninsule ibérique, l'*Èbre* est le seul qui verse ses eaux dans la Méditerranée; les cinq autres se jettent dans l'Océan atlantique, savoir : le *Minho*, qui prend sa source dans la Galice, à cinq lieues nord de Lugo; le *Douro*, dont le cours commence dans la Vieille-Castille; le *Tage*, qui, après avoir pris naissance dans la Nouvelle-Castille, sur les frontières de l'Aragon, se joint à la mer au-dessous de Lisbonne, après un cours de 225 lieues; la *Guadiana*, qui suit un cours à peu près parallèle au Tage, et s'incline au sud pour servir de limite à une partie du Portugal; et le *Guadalquivir*, qui prend sa source sur les frontières de la Murcie et de la Nouvelle-Castille, et se jette dans l'Océan à San-Lucar.

La religion catholique est la seule tolérée dans toute la Péninsule; et les rois d'Espagne et de Portugal, pour marque de leur attachement à l'Église de Rome, joignent à leurs titres ceux de Très-Catholique et Très-Fidèle.

ESPAGNE.

L'Espagne (ancienne Ibérie) est située entre le 1er à l'est et le 11e 35' de longitude à l'ouest du méridien de Paris, et entre les 36e et 43° 40' de latitude nord, et occupe une surface carrée d'environ 29,858 lieues carrées. On la divise communément en 13 provinces. Cette division a subi divers changemens aux différentes époques de la monarchie espagnole, et principalement en 1822, que le nombre de ces provinces a été porté à 51 par les *Cortès*, ou représentans de la nation; un changement plus récent a réduit ce nombre à 31. La division que nous adoptons est celle qui a été le plus long-temps suivie; elle nous a paru moins compliquée, et plus propre à faire connaître l'ensemble de ce royaume; elle s'applique d'ailleurs plus exactement à l'histoire de l'Espagne. De ces 13 provinces, 12 prennent le titre de royaumes; la Catalogne n'a que le nom de principauté. L'Espagne fut long-temps soumise à la domination des Maures, et cette époque fut la seule où l'industrie jeta quelque éclat dans la Péninsule, que devaient plus tard désoler les tortures de l'Inquisition, comme les pratiques du plus absurde fanatisme devaient y étouffer les efforts du génie et les progrès des lumières.

Le gouvernement de l'Espagne est encore monarchique absolu, malgré les concessions que l'autorité royale a paru faire à la nation dans les derniers troubles.

On voit, par le tableau suivant, les divisions et population des provinces qui composent cet État.

Provinces.	Population.	Capitales.	Population.
Galice	1,318,900	San-Jago de Compostelle	25,000
Asturies	473,512	Oviedo	7,576
Biscaye	302,127	Bilbao	15,000
Navarre	298,418	Pampelune	14,054
Aragon, avec les îles Baléares	951,693	Saragosse	35,000
Catalogne	970,500	Barcelonne	40,000
Léon	684,000	Léon	7,000
Vieille-Castille	925,000	Burgos	11,000
Nouvelle-Castille	1,317,000	Madrid	167,607
Estramadure	461,200	Badajoz	14,500
Valence	966,300	Valence	60,000
Murcie	412,700	Murcie	31,800
Andalousie	2,136,700	Séville	96,000

Telles sont les villes les plus remarquables de l'Espagne :

Madrid, capitale du royaume, sur le Manzanarès, renferme plusieurs palais et monumens d'une grande beauté. La ville est généralement bien bâtie; elle possède quatre académies, une très-belle bibliothèque publique et de jolies promenades, parmi lesquelles on distingue le *Prado*. Madrid est la patrie du célèbre poëte Lopez de Vega; elle fut prise en 1808 par les Français.

Séville, capitale de l'Andalousie, est la seconde ville d'Espagne pour sa magnificence, sa richesse et son étendue. *Qui n'a vu Séville n'a rien vu*, disent communément les Espagnols. Cette ville mérite, en effet, de fixer la curiosité par la beauté et le nombre de ses édifices remarquables; un aquéduc amène de six lieues les eaux dans la ville. Sa population a été considérablement diminuée par la funeste épidémie de 1800.

Cadix ou *Cadiz*, ville grande et riche de l'Andalousie, avec un port excellent sur l'Océan ; son commerce est immense, et le seul désavantage de cette ville, c'est qu'on y manque d'eau douce. Elle fut assiégée en 1811 par les Français ; on y compte 72,000 habitans.

Saragosse, sur l'Èbre, capitale de l'Aragon, célèbre par la défense qu'elle opposa en 1809 aux Français, qui s'en emparèrent après un siège des plus opiniâtres.

Barcelonne, capitale de la Catalogne, avec un port sur la Méditerranée, et une citadelle qui commande la ville. On y compte plusieurs écoles de beaux-arts, huit collèges, sept hôpitaux et quatre bibliothèques publiques. Le fléau épidémique qui ravagea cette ville en 1821 a rendu célèbre le dévouement de trois médecins français.

Salamanque, à 45 lieues au nord-ouest de Madrid, était fameuse autrefois par son Université. Population, 15,500 habitans.

Valence, capitale de la province du même nom, ville florissante, à une lieue de la Méditerranée. Dans la même province, et à vingt lieues environ au sud de Valence, se trouve la ville d'*Alicante*, renommée pour ses vins.

Cordoue, ville ancienne de l'Andalousie. Ses environs sont couverts d'orangers ; on y recueille d'excellent vin, et les chevaux qu'on en tire sont les meilleurs de toute l'Espagne. Population, 35,000 habitans.

Valladolid, sur le Douro. Cette ville est la plus considérable du royaume de Léon ; le roi Philippe II y avait fixé sa résidence. Population, 30,000 habitans.

Grenade, capitale de l'ancien royaume de ce nom, sur le Xénil. Population, 66,060 habitans. Cette ville fut le dernier rempart des Maures en Espagne ; ils en furent chassés en 1492. Elle conserve encore de beaux restes de la magnificence des califes ; entre autres, le palais de l'*Alhambra*, que l'insouciance espagnole a laissé tomber en ruines. A 16 lieues au sud-ouest de Grenade, *Malaga*, ville importante, célèbre par ses vins.

Gibraltar, port de mer, à l'extrémité sud du royaume, sur le détroit qui porte ce nom, appartient aux Anglais depuis 1704. Plusieurs fois, mais inutilement, les Espagnols ont tenté de reprendre cette ville. A quelque distance à l'ouest de ce détroit, se trouve le cap de *Trafalgar*, près duquel se livra, en 1805, la fameuse bataille navale de ce nom, entre les Anglais et les Français.

Les îles Baléares, dans la Méditerranée, à l'est de l'Espagne, font partie de la province d'Aragon. *Palma*, dans l'île *Mayorque*, en est la ville principale ; 29,609 habitans.

Les possessions coloniales de l'Espagne sont fort étendues, mais bien moins qu'elles ne l'étaient autrefois. Elles consistent en divers établissemens dans les Indes orientales, dans le grand Océan, et en Amérique. On en évalue la population à 3,647,500 individus.

PORTUGAL

On peut considérer le Portugal comme un démembrement de l'Espagne. Les anciens lui donnaient le nom de *Lusitanie*. Tel qu'il existe aujourd'hui, ce royaume se divise en six provinces, resserrées entre l'Océan et l'Espagne dans une longueur de 150 lieues, sur 50 environ de largeur. Sa superficie est évaluée à 4,584 lieues carrées, le cinquième à peu près de l'étendue de l'Espagne ; et sa population à 2,963,950 habitans. L'air y est pur, mais quelquefois humide, et sujet, comme dans le royaume voisin, par les variations de l'atmosphère, à occasioner des maladies épidémiques ; les choléras, qui parfois sont excessives, sont fréquemment tempérées par des vents rafraîchissans. Le pays, entrecoupé de montagnes, est exposé à des tremblemens de terre assez répétés, mais dont heureusement les suites sont rarement funestes ; souvent on voit le Tage rouler à sa surface des matières volcaniques et bitumineuses, détachées des montagnes. On n'a pas oublié le fatal tremblement de 1755, dont les désastres répandirent la consternation dans tout le royaume. Si l'on ajoute foi aux assertions de quelques savans, la capitale du Portugal elle-même reposerait sur le foyer non éteint d'un volcan.

Comme les Espagnols, les Portugais négligent la culture de terres fertiles, et qui pourraient suffire aux besoins de la nation ; les productions principales du pays consistent en vins recherchés, et en pâturages, qui nourrissent une grande quantité de bestiaux et de bons chevaux.

Provinces composant le royaume.

Provinces	Population	Capitales	Population
Estremadure	851,711	Lisbonne	260,873
Alentejo	386,905	Évora	9,053
Beira	950,135	Coïmbre	3,110
Entre Douro et Minho	757,005	Braga	13,408
Traz-os-Montes	289,208	Bragance	5,072
Algarves	120,532	Lagos	6,790

Lisbonne, sur la rive droite du Tage, et non loin de l'embouchure de ce fleuve, capitale de l'Estramadure et de tout le Portugal, est belle et bien bâtie, surtout dans la partie qui porte le nom de ville neuve, et dont les édifices ont été relevés depuis le tremblement qui, en 1755, renversa une grande partie de la ville. Elle renferme plusieurs académies et sociétés savantes. Son port est ce qu'elle offre de plus remarquable; il occupe une étendue de cinq lieues, et le commerce qui s'y traite entre les étrangers est prodigieux. On admire aussi le superbe aqueduc construit par Jean v, et qui amène dans la ville les eaux d'une rivière éloignée de deux lieues.

Évora, ville ancienne de l'Alentejo, était le siège d'un Tribunal de l'Inquisition et d'une Université qui n'existent plus.

Coïmbre, sur le Mondégo, est la capitale de la plus grande province du Portugal. Les rois y tenaient autrefois leur cour. Cette ville, qui a beaucoup perdu de son ancienne splendeur depuis le tremblement de terre de 1755, est la seule du royaume qui possède une Université.

Braga, sur le Cavado, est une ville ancienne et commerçante. Les Goths et les Maures la possédèrent long-temps, ainsi que l'attestent les ruines de leurs palais, que l'on voit encore dans cette ville.

Braganze. Cette ville ancienne, mais peu considérable, a retenu quelque célébrité du mariage qui s'y conclut secrètement, en 1354, entre le roi Don Pédre et la belle Inès de Castro.

Lagos. La province dont cette petite ville est la capitale avait jadis le titre de royaume; elle est la plus méridionale du Portugal, et l'on y recueille en abondance des oranges, des figues, des olives, des dattes estimées, et principalement des vins exquis. Lagos est une des villes qui a le plus souffert des suites du tremblement.

Des révolutions assez récentes ont fait perdre aux Portugais une grande partie des belles colonies qu'ils possédaient dans l'Amérique du sud; il leur reste encore des établissemens importans sur les côtes de l'Asie et de l'Afrique, et entre autres, dans cette dernière contrée, Madère, les îles du cap Vert et les Açores. Le Brésil a cessé de leur appartenir depuis 1825, époque où son indépendance a été reconnue. La population de leurs colonies n'est pas évaluée aujourd'hui à plus de 720,000 individus.

ITALIE.

L'Italie comprend, dans ses divisions politiques, huit souverainetés particulières, sans compter le royaume Lombard-Vénitien, qui ne doit plus être considéré que comme une province de l'Autriche, depuis qu'il a été annexé avec tout son territoire à cet empire. Elle forme une grande presqu'île, et ses limites sont, au nord, la chaîne des Alpes et le royaume Lombard-Vénitien; au midi, la Méditerranée; à l'est, la mer Adriatique; à l'ouest, la France et la Méditerranée.

Le sol de cette contrée est en général couvert de montagnes; au nord s'étendent les Alpes, dont les sommets neigeux s'élancent à une grande élévation; le point le plus élevé, celui du Mont-Blanc, a 4,810 mètres (14,807 pieds) de hauteur au-dessus du niveau de l'Océan; au centre, les Apennins, dont la chaîne, qui n'est qu'un prolongement de celle des Alpes, traverse l'Italie dans toute sa longueur; les sommets en sont moins élevés que dans les Alpes, et leur plus grande hauteur n'excède pas 2,400 mètres.

Le climat de cette belle partie de l'Europe est délicieux, et ses productions variées à l'infini; on y recueille principalement des vins qui sont excellens; le blé, les oranges, les liqueurs, les olives et les citrons y viennent en abondance. Les chaleurs de l'été seraient insupportables, si elles n'étaient tempérées par le voisinage de la mer et le rapprochement des montagnes, qui se détachent par masses de l'Apennin, et couvrent une grande partie des terres.

L'Italie, ancienne maîtresse du monde, a donné le jour à une foule d'hommes célèbres dans les beaux arts, les sciences et les lettres; et quoiqu'elle soit beaucoup déchue de son ancienne splendeur, elle conserve encore tout le prestige des grands souvenirs par les beaux monumens qu'elle renferme et les merveilles qu'elle a vues naître.

La religion catholique est la seule professée dans les États de l'Italie par les 15,976,000 habitans qui composent sa population; et les formes d'une monarchie absolue y constituent presque généralement les bases du gouvernement.

Tableau des principales divisions politiques.

Lieux.	Population.	Capitales.	Population.
Sardaigne	4,370,000	Turin	88,598
Parme	437,400	Parme	28,670
Modène et Massa-Carrara	376,400	Modène	19,573
Lucques	143,400	Lucques	23,611
Toscane	1,263,000	Florence	78,500
Saint-Marin	7,000	Saint-Marin	5,000
États de l'Église	2,565,400	Rome	137,433
Deux-Siciles {Sicile. 1,772,700 / Naples 5,130,100}	6,902,800	Naples	342,115

1. Le *royaume de Sardaigne* se divise en deux parties : la première, formée du *Piémont*, de la *Savoie*, et du *duché de Gênes*, est bornée, au nord, par la Suisse ; à l'ouest, par la France ; au sud, par la Méditerranée ; et à l'est, par le grand-duché de Toscane, le duché de Parme et le royaume Lombard-Vénitien.

Turin, l'une des villes les plus brillantes de l'Italie, est la capitale des États sardes, et le souverain y fait sa résidence ordinaire. On y remarque encore *Alexandrie*, place importante, défendue par de belles fortifications ; — *Gênes*, surnommée *la Superbe*, à cause de ses magnifiques édifices ; elle renferme 76,000 habitans ; sa position, sur le golfe qui reçoit son nom, est très-favorable à son commerce, qui est encore fort étendu. Cette ville formait autrefois le siège d'une république célèbre par sa marine ; — *Nice*, renommée pour la salubrité de son climat ; — *Mondovi* et *Marengo*, célèbres par deux victoires des armées de la République française.

La petite principauté de *Monaco*, qui appartient à un seigneur français, est enclavée dans les terres de cet État, à peu de distance de la ville de Nice.

L'île de *Sardaigne* compose la seconde partie des États sardes ; elle est située au sud de l'île de Corse, dont elle n'est séparée que par le détroit de Bonifacio. Ses productions sont assez nombreuses ; mais elle les doit plus à sa fertilité naturelle qu'à l'industrie de ses habitans.

Cagliari, ville principale de l'île de Sardaigne, et résidence d'un vice-roi, possède un bon port, où elle entretient un grand commerce des produits de l'île. Population, 35,000 habitans.

2. Le *duché de Parme*, qui se compose de la réunion des trois duchés de *Parme*, *Plaisance* et *Guastalla*, est enfermé entre le duché de Modène et le Piémont, et appartient à l'Autriche.

Parme en est la capitale ; on distingue, parmi les beaux édifices que renferme cette ville, son Théâtre, qui passe pour le plus vaste qui soit en Europe ; et parmi les établissemens qu'elle possède, une imprimerie justement renommée.

3. Le *duché de Modène* est situé à l'est du précédent. Les villes à remarquer dans ce duché sont, *Modène*, capitale, patrie de l'architecte Vignole ; *Reggio*, patrie de l'Arioste ; *Mirandole* et *Corrreggio*, célèbres, la première, pour avoir donné le jour au fameux Pic de La Mirandole, dont le savoir fut si étonnant, et qui parlait vingt-deux langues ; la seconde, pour avoir vu naître Ant. Allegri, peintre admirable, plus connu sous le nom du Corrège ; et enfin, *Carrara*, d'où l'on tire des marbres blancs estimés pour la sculpture.

4. La *principauté de Lucques* s'étend au sud-est du duché de Modène ; elle formait anciennement une république aristocratique, et doit, après la mort de son souverain actuel, retourner au duché de Toscane, dont elle fait partie. La capitale de cet État est la seule ville un peu importante qu'il renferme.

5. Le *grand-duché de Toscane*, formé de l'ancien royaume d'Étrurie, est limité, au nord, par la principauté de Lucques et le duché de Modène ; à l'est, par les Apennins ; à l'ouest, par la Méditerranée ; et au sud, par les États de Rome. Il se divise en trois provinces : *Pise*, *Sienne* et *Florence*. La Toscane est célèbre par la multitude de grands hommes qu'elle a produits dans les sciences et les beaux arts, et de toute l'Italie c'est le pays où l'on parle avec le plus de pureté la langue naturelle ; ses productions les plus remarquables sont les vins et la soie.

Florence, ville magnifique, bâtie sur les rives de l'Arno, est la capitale de la Toscane. Ce que cette ville offre de plus admirable parmi les monumens superbes dont elle est remplie, c'est la bibliothèque dite de Médicis, et la précieuse collection de tableaux et de statues du palais Pitti, connue dans tout le monde savant sous le nom de *Galerie de Florence*. Ajoutons à l'éloge de cette belle ville, que l'on a surnommée *l'Athènes de l'Italie*, qu'à l'époque de la renaissance des sciences et des arts en Italie, ce fut dans son enceinte qu'ils se montrèrent avec le plus d'éclat et qu'ils se virent le plus encouragés, et qu'elle a vu naître Le Dante, Boccace, Machiavel, Michel-Ange, Lulli, Amèric Vespuce, etc.

On remarque aussi dans la Toscane, *Livourne*, qui possède sur la Méditerranée un port vaste et très-commerçant ; population, 50,582 habitans ; — *Pise*, à l'embouchure de l'Arno, dans la Méditerranée, patrie de Galilée ; — et *Arezzo*, qui a donné le jour à Pétrarque, L'Arétin et Gui d'Arezzo, moine, à qui l'on attribue vulgairement l'invention des notes de musique ; cette petite ville a été, en 1800, le théâtre d'une insurrection contre les Français.

À la Toscane appartiennent quelques petites îles situées le long de ses côtes dans la Méditerranée, entre autres, les îles *Pianoza*, *Giglio*, et l'île d'*Elbe*, qui fut choisie, en 1814, pour servir de lieu d'exil à Napoléon.

6. La *république de San-Marino*. Ce petit État, dont le territoire couvre à peine une surface de trois lieues, est entièrement enclavé dans les États du Pape, au centre du duché d'Urbin. Son indépendance est garantie et reconnue par les autres puissances de l'Italie.

7. Les *États de l'Église* sont bornés, au nord, par le royaume Lombard-Vénitien et les duchés de Parme et de Modène ; au sud, par le royaume de Naples ; à l'est, par la mer Adriatique ; et à l'ouest, par le grand-duché de Toscane et la Méditerranée. Cet État, dont le Pape est le souverain, se divise en treize provinces. Le sol en est riche et fertile, surtout en fruits et bons vins ; sur les côtes l'air est insalubre, et souvent

mortel aux étrangers, surtout aux environs de Rome, où le *siroco*, en vent du sud, apporte avec lui les plus graves maladies.

Rome, capitale du monde chrétien, et résidence du Souverain-Pontife, occupe les deux rives du Tibre, entourée de fortes murailles. Malgré sa magnificence, cette ancienne reine du monde n'offre plus, au milieu de ses ruines, qu'une faible image de ce qu'elle était autrefois; dans la foule des monumens tant anciens que modernes qu'elle renferme, on peut citer, comme édifice d'une beauté unique, l'Eglise de St.-Pierre, ouvrage de Michel-Ange. Les Français s'emparèrent de Rome lors de leur brillante expédition d'Italie; et cette ville, avec tout son territoire, composa pendant plusieurs années, avec une grande partie des Etats voisins, les départemens dont la France s'était agrandie en Italie. — *Bologne*, grande et belle ville, peuplée de 63,400 habitans, possède l'Université la plus renommée de l'Italie. On y remarque, entre autres curiosités, la tour des Asinelli, haute de 107 mètres (330 pieds), et la tour de Garisandi, qui penche de 9 pieds. Bologne est la patrie du pape Benoît XIV, de l'Albane, du Dominiquin, du Guide, des trois Carrache, et de Galvani, célèbre physicien.

6. Le *royaume des Deux-Siciles*, ou de *Naples*, comprend deux parties séparées, le *royaume de Naples* et la *Sicile*, avec quelques îles voisines dans la Méditerranée.

Le *royaume de Naples* occupe l'extrémité méridionale de l'Italie, et se divise en quatre grandes parties, la *Pouille*, l'*Abruzze*, la *Terre de Labour* et la *Calabre*, toutes également fertiles, mais exposées à de fréquens tremblemens de terre, que la présence du Vésuve peut rendre désastreux. Le peuple est en général ignorant et superstitieux, et toujours prêt à ces mutineries qu'engendrent l'oisiveté et l'aveuglement du fanatisme.

Naples, capitale de la Terre de Labour et de tout le royaume, occupe une charmante position à peu de distance du mont Vésuve, dont la terre nue et grisâtre contraste singulièrement, dans le lointain, avec le riant aspect des édifices de la ville; les laves échappées du sein de ce volcan servent à paver les rues. La beauté de cette ville et la magnificence imposante de ses édifices publics justifient les noms de *noble* et de *gentille* que lui donnent les Italiens.

La *Sicile*, en tout temps renommée pour sa merveilleuse fertilité, n'est séparée du continent de l'Italie que par le détroit de Messine; elle se divise en trois provinces ou vallées, et les moines, avec les pauvres ou mendians, et autres gens inutiles, composent à peu près le tiers de sa population. Cette île servit de refuge au souverain des Deux-Siciles et à sa famille, lorsque les armes françaises forcèrent ce monarque à chercher un asyle hors de ses Etats du continent, que le droit de conquête faisait passer en d'autres mains.

Palerme, ville d'un grand commerce, et résidence d'un vice-roi, est la capitale de la Sicile. On y comptait 160,051 habitans en 1802. C'est dans cette ville que fut donné, en 1428, le signal des *Vêpres siciliennes*, qui coûtèrent la vie à tous les Français qui se trouvaient dans la Sicile.

Les autres villes remarquables de la Sicile sont *Catane*, ville magnifique et très-peuplée, au pied du mont Etna; — *Syracuse*, ville ancienne et célèbre, port de mer, patrie d'Archimède; — et *Messine*, renommée pour la bonté de son port : en 1783, cette dernière ville faillit être entièrement renversée par un tremblement de terre.

Les îles qui dépendent du royaume de Naples sont *Ischia*, *Procida* et *Capri* dans le golfe de Naples ; cette dernière, plus connue sous le nom de *Caprée*, est célèbre par le séjour et les débauches de l'empereur Tibère; sur la côte nord de la Sicile, les îles *Lipari* ou *Éoliennes*, au nombre de douze, d'où l'on tire le vin de Malvoisie : la plupart renferment des volcans.

Au sud de la Sicile se rencontrent les îles *Gozzo* et de *Malte*, qui toutes deux appartiennent aux Anglais depuis 1800. On évalue leur population à près de 100,000 habitans.

TURQUIE D'EUROPE.

L'empire de Turquie, ou empire Ottoman, s'étend en Europe, en Asie et en Afrique. On évalue sa population, dans ces trois parties du monde, à 24,540,000 habitans, sur une étendue générale de 116,077 lieues carrées, dont 26,605 lieues carrées, avec 9,476,000 habitans pour la partie d'Europe. Les Grecs proprement dits forment à peu près le tiers de ce nombre.

Cette dernière partie, la plus importante de tout l'empire, et la seule qui nous doive occuper spécialement, est bornée, au nord, par l'Autriche et la Russie; au sud, par la Méditerranée; à l'est, par la mer Noire; et à l'ouest, par la mer Adriatique et la mer Ionienne : elle comprend une grande partie des îles qui composent les groupes connus sous le nom d'Archipel de la Grèce.

L'intérieur de cet État est traversé par plusieurs chaînes de montagnes, dont les principales sont les *Krapacks*, qui séparent la Turquie de la Transylvanie, et les monts *Balkan* ou *Hémus*, qui, en se joignant aux monts *Argentaro*, s'étendent de la mer Adriatique à la mer Noire, et divisent la Turquie en deux parties, l'une au nord, et l'autre au sud.

Le sol de la Turquie est fertile en toutes sortes de productions, dont l'indolence naturelle des habitans ne leur permet de tirer aucun parti avantageux ; au point même qu'ils paient à l'Égypte une grande partie des blés nécessaires à leur consommation. L'industrie est aussi négligée que la culture des terres, et le commerce y est à peu près nul. Il est permis aux Turcs d'avoir autant de femmes que leur fortune leur permet d'en nourrir; le Grand-Sultan en réunit dans son sérail jusqu'à 500, qu'on lui amène de toutes les parties de son empire.

Le gouvernement est despotique absolu; et le souverain, qui a tout pouvoir sur la vie et les biens de ses sujets, porte le nom de *Sultan*. L'administration particulière des provinces est abandonnée, moyennant de fortes rétributions, à des *Pachas*, qui ne voient dans leur mission qu'un moyen de s'enrichir, et y parviennent en foulant les peuples qui leur sont soumis, et sur lesquels ils ont droit de vie et de mort.

La religion de Mahomet est celle de l'État ; mais celle des Grecs schismatiques compte un plus grand nombre de sectateurs. Les chefs respectifs de ces deux religions, qui sont le mufti et le patriarche grec, résident l'un et l'autre à Constantinople.

Le tableau qui suit présente, avec l'indication des divisions la plus généralement données à la Turquie d'Europe, leur population et celle de leurs villes capitales.

Provinces.	Population.	Capitales.	Population.
Moldavie	300,000	Jassy	40,000
Valachie	950,000	Bucharest	80,000
Bulgarie	1,850,000	Bouktouk	8,000
Roumélie	2,300,000	Constantinople	650,000
Servie	600,000	Belgrade	27,000
Bosnie	850,000	Bosna-Serai	60,000
Croatie	65,000	Banialuka	15,000
Herzegovine	110,000	Mostar	9,000
Albanie	1,040,000	Janina	30,000
Livadie	207,000	Lépante	7,000
Morée	340,000	Tripolitza	15,000
Candie	250,000	Candie	15,000

CONSTANTINOPLE, ou *Stamboul*, est la capitale et la ville la plus riche de tout l'empire ottoman. Le Grand-Sultan y fait sa résidence. La position de cette ville, sur le détroit qui porte son nom, avec un port vaste et magnifique, est une des plus avantageuses que l'on connaisse ; son élévation en amphithéâtre, et la vue pittoresque de ses minarets, dont les flèches légères et dorées s'élancent dans les airs, font concevoir, à l'étranger qui découvre de loin cette ville, une idée de beauté qui bientôt s'évanouit, et fait place à une tout autre impression, à l'aspect de ses rues sales et étroites, bordées de petites maisons jetées sans ordre et élevées sans goût. On y trouve cependant de beaux édifices, tels que la mosquée de Ste.-Sophie et le Sérail.

GRÈCE, ou HELLÉNIE.

La *Livadie* et la *Morée* occupent aujourd'hui en partie les contrées qu'embrassait l'ancienne Grèce. L'intérêt qu'inspirent naturellement la cause de l'infortune et de grands souvenirs, a, depuis quelques années, fixé les regards de l'Europe sur les descendans des Grecs, luttant contre leurs oppresseurs pour s'affranchir de la servitude. Mais c'est en vain que la souvenir cherche l'ancienne Grèce dans la Grèce moderne : à peine trouve-t-on quelques ruines aux lieux où s'élevaient jadis *Olympie*, *Argos*, *Mycènes*, *Corinthe*; aux noms si célèbres d'*Athènes* et de *Lacédémone* ont succédé les noms obscurs de *Sétines* et de *Misitra*, misérables bourgades habitées par de pauvres pêcheurs. *Lépante*, près du golfe du même nom, dans lequel D. Juan d'Autriche remporta, en 1571, une victoire éclatante sur la flotte turque, est la capitale de la Livadie ; *Tripolitza*, près des ruines de l'ancienne *Mantinée*, est la ville principale de la Morée. Ces provinces sont assez fertiles pour pouvoir enrichir leurs habitans, si les vexations continuelles de leurs dominateurs ne les décourageaient de cultiver pour ne pas recueillir.

ILES IONIENNES.

C'est ici le lieu de parler de la République formée sous ce nom par la réunion de sept îles, situées pour la plupart sur la côte occidentale de l'ancienne Grèce, et qui sont *Corfou, Paxo, Ste.-Mauro, Théaki, Céphalonie, Zante* et *Cérigo*. Ces îles, après avoir successivement appartenu à la république de Venise (1797), à la Turquie, à la Russie (1802), et à la France (1807), sont en dernier lieu passées au pouvoir de l'Angleterre (1815), qui les a déclarées indépendantes, mais qui, en effet, les a retenues sous sa domination. La population de ces îles, dont Céphalonie est la plus considérable, s'élève à 227,000 habitans environ.

ASIE.

L'Asie est située entre le 23° et le 128° de longitude à l'est du méridien de Paris, et comprend une étendue de 2,045,097 lieues carrées. Ses limites sont, au nord, l'Océan glacial ; au sud, la mer Noire et la mer des Indes; à l'est, le grand Océan ; à l'ouest, la mer Caspienne, les monts Ourals, la Méditerranée et la mer Rouge. L'Asie est le berceau du monde, et c'est dans son sein qu'ont pris naissance la plupart des religions, et en particulier les religions judaïque, païenne, chrétienne et mahométane. Son climat présente toutes les températures ; ses hautes montagnes, couvertes de neiges perpétuelles, y entretiennent un froid piquant sous une latitude ailleurs tempérée; dans les contrées du nord le froid est des plus rigoureux, tandis que les chaleurs se montrent excessives dans les régions du sud. Le sol, en général, est riche et fécond en produits nombreux et variés; les meilleurs parfums nous viennent de l'Arabie, l'île de Chypre fournit des vins exquis ; on estime le thé de la Chine, le café de l'Arabie, les soieries de l'Inde, les chevaux arabes et persans, etc.; les montagnes abondent en mines d'or, d'argent, et de toute espèce de métaux. Les plus hautes montagnes du globe s'élèvent dans l'Asie; les principales chaînes sont, les *Ourals*, qui séparent l'Asie de l'Europe; le *Caucase*, entre la mer Noire et la mer Caspienne; les *Alpons*, au nordouest de la Perse; les *Gattes*, sur la côte de Malabar, au sud ; les *Jablonoïs*, à l'est de la Sibérie; les *Altaï*, au centre (on regarde cette chaîne comme la plus élevée du globe); les monts *Daga* et l'*Hymalaya* dans le grand Thibet : c'est dans cette dernière chaîne que se trouve le *Dawalagiri*, le pic le plus élevé que l'on connaisse; il porte 8,049 mètres (24,829 pieds) au-dessus du niveau de l'Océan.

Les mers extérieures qui baignent l'Asie sont : la *mer de la Chine*, la *mer Jaune*, la *mer du Japon*, la *mer d'Okhotsk* et la *mer de Behring*; les mers intérieures sont, la *mer Caspienne* et la *mer d'Aral*, au nordouest de l'Asie.

Tels sont les noms des fleuves de cette vaste contrée qui parcourent le plus d'étendue dans leur cours :

	Sources.	Cours.	Dernières.	Embouchures.
L'Obi	Tobolsk	1141	sud au nord	mer Glaciale.
Jénisci	Sibérie Tomsk	1475	sud au nord	mer Glaciale.
Léna	Irkoutsk	998	S.-O. au N.	mer Glaciale.
L'Amour	Tatarie chinoise	887	ouest à l'est	mer d'Okhotsk.
Fleuve Jaune, ou Hoan-Ho	Chine	1206	ouest à l'est	mer Jaune.
Fl. Bleu, ou Kiang-tu-Kiang	Chine	1259	ouest à l'est	mer Jaune.
Cochinge	Chine et Cochinch.	1150	nord au sud	mer de la Chine.
Gange	Hindoustan	620	ouest au sud	golfe de Bengale.
Indus	Caboul	580	est au sud	golfe d'Arabie.
Euphrate	Turquie d'Asie	706	nord au sud	golfe Persique.

Gouvernement despotique, à l'exception de quelques tribus tatares qui vivent indépendantes.

Religion : mahométisme et idolâtrie.

Assez généralement on regarde les Asiatiques comme des peuples amollis par les plaisirs et efféminés par le luxe. On aurait tort d'étendre cette assertion à la généralité des habitans; elle ne s'applique qu'à ceux du midi et d'une partie de l'ouest, que les voluptés et l'indolence énervent. Ceux qui habitent le nord sont belliqueux, et exercés à une vie dure et pénible ; et dans certaines contrées de l'Asie, comme la Chine et la Perse, l'industrie est portée à un point de perfection admirable, et a servi plus d'une fois de modèle à l'industrie européenne.

On peut diviser l'Asie en neuf grandes parties :

1° La *Russie d'Asie* ou *Sibérie*, qui embrasse tout le nord de l'Asie, dans une longueur de 1300 lieues de l'est à l'ouest, sur une largeur de 500 lieues du nord au sud. Cette immense contrée, qui fait partie de l'empire de Russie, se divise en trois gouvernemens, qui sont : *Tobolsk*, *Tomsk* et *Irkoutsk*. Le principal commerce de la Sibérie consiste en fourrures recherchées; on y trouve des mines abondantes, surtout en cuivre et en fer, que les Russes font exploiter par les criminels qu'ils y exilent. La population de la Sibérie ne répond pas à son étendue ; ou n'y compte guère que 4 millions d'habitans.

2° La *Turquie d'Asie*, entre la mer Noire, la Méditerranée, la Perse et l'Arabie : ses principales villes sont *Smyrne*, *Alep* et *Damas*. Au sud s'étend l'*Arabie*, bornée par la mer Rouge, le golfe d'Arabie et le golfe Persique. En suivant la division ancienne, cette contrée comprend trois parties, l'*Arabie heureuse*, l'*Arabie pétrée*, et l'*Arabie déserte*. Villes principales : *Médine*, *La Mecque*, patrie de Mahomet, *Bostah*, et *Moka*, célèbre par son café.

3° La *Perse*, à l'est de l'Arabie ; capitale, *Téhéran* depuis les dernières révolutions de la Perse, qui ont ruiné et dépeuplé *Ispahan*. Ce pays, qui est aujourd'hui bien déchu de son ancienne splendeur, obéit à un prince qui porte le nom de *Schah*.

4° La *Tatarie indépendante*, au nord de la Perse, est peuplée de hordes nomades, peuple pasteur et guerrier qui vit sous les ordres de chefs nommés *Khans*.

5° Le *Caboul*, borné au nord par la Tatarie indépendante, à l'ouest et au sud par la Perse et l'Hindoustan, est un démembrement de la Perse. Après *Caboul*, ville capitale, on remarque *Cachemire*, renommée par ces tissus précieux et recherchés faits de la laine d'une espèce de chèvres que nourrit le Thibet.

6° Les *Indes*, qui comprennent l'*Hindoustan*, ancien empire des Mogols, l'*empire des Birmans*, les royaumes de Siam, Cochinchine et Tonquin, forment le centre de tout le commerce des Européens ; les Français et surtout les Anglais y ont des établissemens au sud de l'Hindoustan, et vers la pointe du cap *Comorin*, sont les *îles Maldives*, au nombre de mille à douze cents, et l'île *Ceylan*, renommée pour la pêche des perles. Les forêts de l'Inde sont remplies de perroquets, de singes et d'éléphans ; ceux de la plus grande espèce se trouvent dans les montagnes du royaume de Siam, où l'on trouve aussi quelques éléphans blancs.

7° La *Chine*. Cet empire, le plus vaste qui soit au monde après l'empire de Russie, est formé de la *Chine* proprement dite, du *Thibet*, de la *Tatarie* propre, et de la *Tatarie chinoise*. Il est borné au nord par la Sibérie, à l'ouest par l'Hindoustan et la Tatarie indépendante ; au sud, par les royaumes de Siam et de Tonquin, et par la mer de Chine ; à l'est, par la mer Jaune et la mer du Japon. On a jusqu'à présent beaucoup exagéré la population de la Chine, sur laquelle on n'a que des données peu certaines ; Adam Gaspari la fait monter à environ 197,625,000 individus, ce qui, en supposant ce calcul exact, lui donnerait une population à peu près égale à celle de l'Europe entière ; Pékin en est la capitale, et la résidence de l'empereur. Les productions de la Chine qui fournissent le plus à l'exportation sont le thé, le sucre, le nankin, les porcelaines, la cannelle, la rhubarbe, un vernis d'une beauté inimitable, et diverses étoffes de soie et de coton.

8° La *Corée*, presqu'île entre la mer Jaune et la mer du Japon, est un royaume tributaire de la Chine ; capitale, *Kin-ki-tao*. Productions, du riz, du millet, du tabac, du coton, de la soie, etc. ; ses habitans suivent la même religion que les Chinois.

9° Le *Japon*. Cet empire est composé de la réunion de plusieurs îles à l'est de la Chine ; les plus considérables de ces îles sont *Kiusiu*, *Sicokf*, *Iezo* et *Niphon*. Cette dernière, qui est la plus grande, est en même temps le siège de l'empire. Le *Kubo*, ou empereur, y réside à *Yedo*, sa capitale. On évalue la population du Japon à 25 millions d'individus ; ses productions sont le riz, le blé, les légumes de toute espèce, les oranges, les citrons. On en tire des pierres précieuses, de l'or, du cuivre, du fer ; le pays nourrit une immensité de vers à soie, et des buffles d'une grosseur prodigieuse.

AFRIQUE.

L'intérieur de cette troisième partie du globe est peu connu. Au milieu de plaines arides et immenses, où, dans un espace de plus de 400 lieues, l'on découvre à peine, à de longs intervalles, quelques traces d'une chétive végétation, la certitude de succomber dans la privation des premiers besoins de la vie, ou sous le fer d'Arabes avides, ou dans les tourbillons d'un sable mouvant que les vents promènent par masses effrayantes, a constamment repoussé les efforts d'un petit nombre de voyageurs courageux, dont le dévouement a échoué devant l'impossibilité de pareilles tentatives. Ainsi nous nous bornerons, en adoptant les notions connues, à exposer aussi succinctement que l'exige cet abrégé ce que les relations ont appris sur l'ensemble de l'Afrique.

L'Afrique est située entre le 10e à l'ouest et le 30e à l'est, et s'étend depuis le 37e 30' de latitude nord jusqu'au 35e de latitude sud. Elle a 1825 lieues de longueur sur 1350 de largeur. Ses bornes sont, au nord, la Méditerranée ; à l'est, la mer Rouge, la mer des Indes et l'isthme de Suez, large de 26 lieues ; à l'ouest, l'*Océan atlantique* ; au sud, le grand *Océan austral*. Sa position, sous la ligne de l'équateur qui la partage par moitié, et entre les deux tropiques, en rend la température brûlante ;

à cette chaleur naturelle se joint encore celle que les vents amènent par bouffées étouffantes du désert, et qui est à peine tempérée pendant les nuits par ceux qui soufflent de la mer.

Le sol est productif le long des côtes, et l'Egypte est encore renommée pour sa fertilité, qu'elle doit à l'inondation périodique des eaux du Nil. Les déserts sont peuplés d'animaux malfaisans, de lions, de tigres, d'hyènes, de serpens monstrueux, dont les attaques sont encore moins à craindre dans les contrées qu'ils habitent, que la rapacité barbare de certains naturels pour les malheureux qui échouent sur leurs côtes. Le climat est généralement malsain, surtout à cause de la brusque transition d'une chaleur dévorante au froid pénétrant et humide qui souvent provient des vents qui s'élèvent de la mer à l'approche de la nuit. Le despotisme le plus arbitraire pèse sur toute l'Afrique; les chefs n'y reconnaissent d'autre loi que celle de la force et de la violence. Les nations du nord suivent la religion de Mahomet; dans le sud, on adore les serpens et d'autres animaux; ceux de l'Abyssinie professent une sorte de christianisme, défiguré par le mélange des superstitions.

Population : 180 millions d'habitans, en grande partie noirs.

Le tableau suivant offre une idée des fleuves qui arrosent l'Afrique, et du cours qu'ils suivent :

Sources.	Cours.	Directions.	Embouchure.
Le Nil....... Abyssinie, Nubie, Egypte.......	1775 l.	du sud au nord........	Méditerranée........
Le Sénégal... Sénégal..........	585	sud-est au nord-ouest.	Océan atlantique.....
Riv. d'Orange. Hottentots........	450	du nord à l'ouest.....	Océan atlantique.....
Le Zambèze... Monomotapa......	805	du sud à l'est........	Canal de Mozambique.
Le Zaïre...... Congo............	619	de l'est au sud-ouest.	Océan atlantique.....
Le Niger..... Nigritie..........	?	du sud-est à l'ouest...	Embouchure inconnue.

Les montagnes se divisent en quatre grandes chaînes : l'*Atlas* au nord; au centre, les montagnes du *Kong* ou de *Sierra-Leone*, et les monts *Al-Qhamer* ou de *la Lune*, où le Nil est supposé prendre sa source; au côté sud-est et jusqu'à la pointe du cap, les *monts Lupata*, ou l'Épine du monde.

Une grande partie de ces montagnes, celles qui s'étendent au centre principalement, abondent en mines d'or qui sont mal exploitées par les naturels.

Les îles principales sont, dans l'Océan atlantique, les *Açores*, au nombre de dix, parmi lesquelles *Madère*, renommée pour l'excellence de son vin; les *Canaries*, groupe composé de sept grandes îles et de plusieurs petites; parmi les premières, l'*Ile de Fer*, où passait le premier méridien d'après la déclaration de Louis XIII de ce juillet 1634, et *Ténériffe*, où se trouve le fameux pic de ce nom, qui s'élance à 3,710 mètres dans les airs, et se voit en mer d'une distance de plus de 50 lieues; les îles du cap Vert, au nombre de vingt ; la principale est *San-Jago*. On ne doit pas oublier l'île de *Sainte-Hélène* dans la même mer, par la 16e de latitude. Cette île, qui n'offre qu'une élévation aride et sauvage, est devenue célèbre depuis l'exil et la mort de Napoléon sur son rocher. Dans la mer des Indes, *Madagascar*, l'une des plus grandes îles du globe; et plus à l'est, l'île *Bourbon*, qui appartient à la France; on en tire d'excellent café.

L'Afrique se divise en une infinité de petits Etats sans importance, restreints la plupart pour leur étendue à une ou deux villes chétives, si l'on doit appeler de ce nom la réunion de quelques misérables cases soumises à un despotisme brutal. En se renfermant dans les divisions par masses principales de peuples qui parlent une même langue ou professent les mêmes coutumes, on reconnaîtra dans l'Afrique dix grandes parties ou contrées distinctes :

1° La *Barbarie*, qui occupe toute la longueur des côtes de la Méditerranée depuis l'Egypte jusqu'à l'Océan, et comprend l'empire de *Maroc*, les régences d'*Alger*, de *Tunis*, de *Tripoli*, et le pays des *Dattes*. Les peuples qui l'habitent sont, comme dans presque toute l'Afrique, adonnés au pillage et à la rapine, et à un genre de commerce qui n'est entre eux qu'un échange de mauvaise foi.

2° L'*Egypte*, que l'on distingue en *haute* et *basse*, forme une grande vallée de 225 lieues de long sur 8o de large, au milieu de laquelle coulent les eaux du Nil : capitale, *Le Caire*, sur la rive droite de ce fleuve; à quelque distance et sur la rive opposée, s'élèvent les fameuses Pyramides, bâties par les rois de la vieille Egypte depuis près de trois mille ans; la plus haute a 146 mètres depuis sa base jusqu'à son sommet. L'Egypte est tributaire de la Turquie.

3° La *Nubie*, au sud de l'Egypte, est comme elle traversée par le Nil dans sa longueur : ville capitale, *Sennaar*.

4° L'*Abyssinie*, entre la Nubie et la Cafrerie, faisait partie de l'ancienne Éthiopie. La majorité de la nation y suit une religion dans les pratiques de laquelle on a cru reconnaître quelque analogie avec celles du christianisme. Le pays est couvert de monastères et de chapelles, habités par des religieux du pays.

5° Le *Sahara* ou *Grand-Désert*, au sud de la Barbarie, n'offre qu'un vaste océan de sables, parsemé de loin en loin de quelques oasis ou îles de terre productive, où se reposent les caravanes qui vont de Maroc commercer à Tombut en Nigritie. Quelque aride que soit ce désert, il est cependant habité par quelques tribus d'Arabes voleurs, répandues dans les oasis. On n'y rencontre aucunes habitations auxquelles on puisse donner le nom de ville.

6° Le *Sénégal*, qui prend son nom du fleuve qui l'arrose, est limité au nord par le Sahara, au midi par la Guinée, à l'ouest par l'Océan atlantique, à l'est par la Nigritie. Les productions du pays se composent de riz, de manioc, de coton, indigo, sucre, etc. Les Français y ont depuis long-temps formé des établissemens le long des côtes. Saint-Louis est leur principale résidence.

7° *La Nigritie* ou le *Soudan*, au centre de l'Afrique. Les limites de cette contrée sont encore incertaines. Elle comprend plusieurs nations ou peuplades de nègres, continuellement divisées par la guerre. Le principal commerce de la Nigritie se traite à *Tombut*, qui en est la ville la plus considérable. Ce commerce se compose des productions que la terre fournit sans culture.

8° *Haute* et *Basse-Guinée*. Cette contrée, qui occupe une étendue de plus de 800 lieues le long des côtes à l'ouest, est, comme la Nigritie, habitée par les nègres. Elle produit du riz, du maïs, du poivre, de l'indigo, des cocos; les lions, les éléphans, les singes et les autruches y sont très-nombreux. Les naturels viennent vendre de la poudre d'or et des dents d'éléphans aux Européens, sur les côtes dont les noms indiquent ce genre de commerce. C'est près de ces mêmes côtes que se faisait en grande partie la traite des noirs, trafic honteux que l'humanité est enfin parvenue à abolir. La Basse-Guinée est arrosée par le *Zaïre*, fleuve infesté par les crocodiles : on y voit aussi des hippopotames.

9° *La Cafrerie*, pays immense, adossé au désert à l'ouest, et longeant les côtes de la mer des Indes à l'est, depuis le gouvernement du Cap jusqu'à l'Abyssinie. Sous cette dénomination générale on comprend une multitude d'Etats peu connus pour la plupart; les plus importans sont, le *Monomotapa*, capitale *Zimbao*; le *Mozambique*, le *Zanguebar*, la *Côte d'Ajan* et le royaume d'*Adel*. On y recueille de l'or, de l'ivoire, de l'ambre gris, de la myrrhe; il se fait un grand commerce de ces objets en échange contre les marchandises qui viennent de l'Arabie et des Indes.

10° *Le Gouvernement du Cap*. Cette colonie, qui appartient aux Anglais, occupe toute la pointe du cap qui termine l'Afrique au sud. Ce cap, qui offre la route la plus courte et si long-temps cherchée d'arriver par mer dans l'Inde, fut découvert et doublé pour la première fois par le célèbre Vasco de Gama et ses Portugais, qui lui donnèrent d'abord le nom de *Cap des Tempêtes*, à cause des orages terribles qu'ils avaient essuyés en y abordant; on nom fut bientôt plus ê à celui de *Bonne-Espérance*, qu'il a conservé. On y recueille du thé, du blé, du riz, et de l'excellent vin, surtout celui qui porte le nom de vin du Cap, ou vin de Constance, et qui tient le second rang après le vin de *Tokai* en Hongrie.

AMÉRIQUE.

L'AMÉRIQUE n'est connue que depuis la découverte qui en a été faite en 1492 par Christophe Colomb, génois. Ce hardi navigateur ouvrit à l'Europe une source immense de richesses, et sa vie se termina dans une obscurité voisine de l'indigence : il n'eut pas même l'honneur de laisser son nom à sa découverte; elle a gardé celui d'un navigateur florentin qui, sept ans plus tard, reconnut quelques côtes de la terre ferme.

L'Amérique s'étend, en latitude, depuis le 80° au nord, jusqu'au 56° au sud, et en longitude, entre les 40° et 172° à l'ouest du méridien de Paris, sans y comprendre le Groënland. La température du climat suit les différentes expositions du sol : sous la zone glaciale on éprouve des froids excessivement rigoureux; la chaleur est souvent brûlante sous la zone torride, et fréquemment ces deux extrêmes de chaleur et de froid se font alternativement sentir sous la zone tempérée. La terre produit une grande variété de fruits, et nourrit un nombre immense d'animaux de toute espèce; elle renferme des mines de toutes sortes de métaux, et principalement d'or et d'argent, que n'a pu encore épuiser l'avarice européenne. La population, que l'on fait monter à 50 millions d'individus, se compose en grande partie d'Européens, et de nègres esclaves; les naturels ne forment plus qu'une faible partie des habitans. On leur a conservé le nom d'Indiens, et la plupart mènent une vie errante et sauvage.

On compte plusieurs volcans dans les deux Amériques: les plus connus sont ceux d'*Antisana* (*) (Pérou), dont le cratère est élevé de 5,833 mètres; de *Cotopaxi* (Pérou), 5,753 mètres; *Popocatepec* (Mexique), 5,400 mètres; *la Solfatara* (Guadeloupe), 1,557 mètres.

L'Amérique se divise naturellement en deux grandes parties: *l'Amérique septentrionale* au nord, et *l'Amérique méridionale* au sud, partagées par l'équateur, et réunies par l'isthme de Panama.

(*) A la hauteur de 4,103 mètres ou 17,605 pieds de cette montagne, se trouve la *ferme d'Antisana*, l'habitation la plus élevée de tout le globe.

AMÉRIQUE SEPTENTRIONALE.

Au nord, ses limites ne sont pas encore bien connues ; le froid rigoureux qui règne vers cette extrémité en rend l'accès presque impraticable.

Au nombre des fleuves qui arrosent l'Amérique du nord, on remarque le *Mississipi*, celui de tous les fleuves connus dont les eaux parcourent le plus d'étendue : il traverse la Louisiane, et débouche dans le golfe du Mexique après un cours de 1480 lieues ; et le fleuve *St.-Laurent*, dans le Canada, qui, après s'être grossi des eaux de plusieurs lacs qu'il traverse, va se jeter dans le golfe de l'Océan atlantique qui porte son nom. Entre les lacs Érié et Ontario, les eaux de ce dernier fleuve se précipitent des rochers à une hauteur de 162 mètres, et forment la fameuse *chute du Niagara*.

Les chaînes principales de montagnes qui occupent cette partie de l'Amérique sont les *Cordillières*, dont la longue chaîne, partant de l'Amérique méridionale, s'étend depuis l'isthme de Panama, en suivant la direction du nord-ouest, jusqu'au détroit de Behring. Cette chaîne se partage en plusieurs branches, dont une se prolonge jusqu'aux *monts Apalaches* à l'est, avec lesquels elle forme le bassin des lacs *Supérieur*, *Michigan* et *Ontario*; et une autre se détache au nord-est, et va finir au nord de la baie d'Hudson.

Les plus remarquables des îles qui bordent l'Amérique septentrionale sont, à l'est, *Terre-Neuve*, et tout auprès, plus avant en mer, le grand *banc de Terre-Neuve*, où se font les grandes pêches de la morue. Les *grandes Antilles* dans la mer des Caraïbes, parmi lesquelles *Cuba*, capitale, *La Havane*; la *Jamaïque*, aux Anglais, et *St-Domingue*, autrefois à la France, et transformée en république depuis la révolte des nègres en 1792 ; les *îles Lucayes*, au nord-est des Antilles ; c'est au milieu de ces îles qu'abordèrent en 1492 les premiers vaisseaux européens sous la conduite de Christophe Colomb ; les *Îles du Vent* ou *petites Antilles*, qui s'étendent en demi-cercle à l'est des grandes Antilles : deux de ces dernières, la *Martinique* et la *Guadeloupe*, appartiennent à la France.

Dans le grand Océan boréal se remarquent principalement la chaîne des *îles Aléoutiennes*, près du détroit de Behring, et *l'archipel de Vancouver*, le long et au-dessous des côtes de l'Amérique russe.

On peut diviser l'Amérique septentrionale de la manière suivante :

1° Le *Groënland*, qui doit être attribué à l'Amérique, dont il est plus rapproché que de l'Europe. Le froid rend ce pays inhabitable ; on y compte à peine six à sept mille habitans, qui tous mènent une vie misérable, sans autre ressource que celle de la chasse et de la pêche, au milieu de montagnes de glace. Les Danois vont pêcher la baleine sur les côtes du Groënland, où ils ont même formé un établissement.

2° La *Nouvelle-Bretagne*, qui renferme le pays des *Esquimaux* et le *Canada*, est presque entièrement habitée par des peuplades errantes de Sauvages indiens, qui vivent du produit de leur chasse ou de leur pêche. On récolte dans cette grande région du maïs, du riz, des melons, du tabac ; de vastes forêts où la hache n'a point encore pénétré contiennent, avec une foule d'animaux de toute espèce, des arbres d'une grosseur peu commune.

3° L'*Amérique russe*. On comprend sous ce nom cette portion du continent américain qui se trouve située à l'ouest de la Nouvelle-Bretagne. On y remarque le mont *Saint-Élie*, un des plus élevés de l'Amérique septentrionale. Sa hauteur est de 5,513 mètres. Les habitans en sont grossiers et peu nombreux. Leur commerce, qui se compose presque uniquement de pelleteries, est concentré entre eux et les Russes.

4° Les *États-Unis*. Cette confédération, qui depuis cinquante ans a acquis tant de célébrité par les guerres sanglantes qu'elle a soutenues pour la cause de son indépendance, est bornée au nord par le Canada et la Nouvelle-Bretagne, à l'ouest par le grand Océan, à l'est par l'Océan atlantique, au sud par le golfe du Mexique et le Nouveau-Mexique. Ces États, au nombre de vingt-quatre, ont adopté, depuis 1783 que leur indépendance a été reconnue par l'Angleterre, une forme de gouvernement républicain, composé des députés de chacune des provinces, et dirigé par un président du pour quatre ans. Sa résidence est à *Washington*, ville capitale, récemment fondée sur la Potowmack en l'honneur d'un des héros de la liberté des États-Unis. La prospérité de cette république s'accroît tous les jours avec sa population, qui s'élève aujourd'hui à plus de dix millions d'habitans. Tous les cultes religieux y sont également protégés ; cependant le protestantisme y domine.

5° Le *Mexique*. On désigne sous ce nom la région qui termine l'Amérique septentrionale au sud. Il a été découvert en 1520 par Fernand Cortez, qui en fit la conquête au milieu de cruautés inouïes. Le Mexique a toujours continué d'appartenir à l'Espagne, jusqu'aux dernières révolutions qui ont amené son indépendance. Il renferme de nombreuses mines d'or, à l'exploitation desquelles il doit moins son état prospère qu'à l'activité toujours croissante du commerce et de l'industrie.

AMÉRIQUE MÉRIDIONALE.

L'Amérique méridionale, un peu moins grande que celle du nord, peut être considérée comme une vaste péninsule. Elle embrasse toute l'étendue qui se trouve comprise entre l'isthme de Panama au nord, et le cap Horn au sud, et présente une longueur d'environ 1650 lieues sur 1000 et plus dans sa plus grande largeur. Neuf à dix millions d'habitants au plus composent toute la population de cette partie de l'Amérique. Le plus grand nombre suivent la religion chrétienne; les indigènes, devenus peu nombreux, rendent leur culte au soleil et à la lune, et observent les pratiques de l'idolâtrie.

Toutes les montagnes se rattachent aux *Cordillières* ou *Andes*, dont la chaîne immense, partant de la pointe sud de l'Amérique méridionale, parcourt d'un bout à l'autre les deux Amériques, en longeant les côtes occidentales, et se divise en plusieurs branches qui forment les bassins de grandes rivières. Dans cette chaîne se trouvent les plus hautes montagnes de l'Amérique, entre autres le *Chimborazo*, dans la province de Quito (Colombie), dont la cime, couverte de neiges perpétuelles, s'élève de 6,530 mètres au-dessus du niveau de l'Océan. Plusieurs contiennent des mines d'or et d'argent; celles du Pérou principalement ont long-temps enrichi les trésors de l'Espagne.

L'Amérique méridionale est peut-être la partie du monde qui renferme le plus de grands fleuves ou rivières; dans le nombre, quatre surtout méritent de fixer l'attention; tous les quatre versent dans l'Océan atlantique leurs eaux, grossies d'une multitude de rivières considérables qu'ils ont reçues dans leurs cours. Ces quatre fleuves sont, l'*Orénoque*, dans la Guiane, dont le cours est de 631 lieues; le *fleuve des Amazones*, au nord du Brésil; ce fleuve immense, qui promène majestueusement ses eaux au milieu de 1300 lieues de pays, a près de 80 lieues de largeur à son embouchure sous l'équateur; le *Rio de la Plata*, qui ne prend ce nom qu'à son embouchure, est formé des eaux du Paraguay et de plusieurs autres rivières : son cours est de 948 lieues; le *Rio-San-Francisco*, dans le Brésil, 432 lieues. La majeure partie de ces fleuves et de leurs affluents prennent leur source au pied des Andes ou Cordillières.

Les seules îles un peu importantes que possède l'Amérique méridionale sont les *îles Malouines* ou *Falkland*, au sud-est de la Patagonie, l'île *Chiloé*, sur les côtes du Chili, et la *Terre de Feu*, à l'extrémité méridionale de la Patagonie: elles s'offrent rien de remarquable.

On peut, en se conformant aux derniers changements politiques, diviser cette partie de l'Amérique en sept grandes contrées, qui sont; les républiques de *Colombie*, du *Pérou*, des *Provinces-Unies* et du *Chili*, la *Guiane*, le *Brésil* et la *Patagonie*.

1° La république de la *Colombie*, formée, depuis 1819 seulement, des provinces échappées à la domination espagnole, est située entre le fleuve des Amazones au sud, la mer des Antilles au nord, l'Atlantique et la Guiane hollandaise à l'est, l'Océan Pacifique à l'ouest. La position de cet état, au milieu de montagnes volcaniques, l'expose à de fréquents tremblements de terre.

Santa-Fé de Bogota, ville grande et située sous un ciel agréable, est le siège principal du gouvernement de la République. *Quito*, au pied d'un volcan et au milieu d'une vallée, à 8,970 pieds au-dessus du niveau de la mer, est la seconde ville de la Colombie. Elle a eu deux fois à souffrir de violents tremblements de terre, et surtout de celui qui, sur la fin du dernier siècle, causa la mort de près de quarante mille de ses habitants.

2° *Le Pérou*. Cette riche contrée composait, à l'époque de la découverte de l'Amérique, un état puissant, gouverné par ses *Incas*, ou souverains. Soumise par les Espagnols, elle est restée en leur pouvoir jusqu'à sa constitution en république en 1821, à l'exemple des autres provinces de la même domination. Elle se divise en haut et bas Pérou.

Lima, capitale, fondée par Pizarre en 1535, a été plusieurs fois désolée par des tremblements de terre.

3° *Les Provinces-Unies*, renfermées entre le Pérou, le Brésil, la Patagonie et le Chili, forment depuis 1810 une république fédérative, dont *Buenos-Ayres*, ville ainsi nommée de la salubrité de sa position sur la Plata, est la capitale. Une grande partie du territoire de cette république est occupée par des plaines arides et stériles d'une immense étendue, habitées par des Indiens pasteurs.

4° *Le Chili*, qui se divise en ancien et nouveau, a pour capitale *San-Yago*, qui fut prise en 1816 par les insurgés de Buenos-Ayres; à la distance de 100 lieues environ des côtes, à l'ouest du Chili, se trouve, sur le 34° de latitude sud, l'île de *Juan Fernandez*, dans laquelle fut abandonné, en 1709, Alexandre Selkirk, matelot, dont les aventures ont fourni l'idée de l'ouvrage anglais de Foë, intitulé *Robinson Crusoe*.

5° *La Guiane* est bornée au nord et à l'est par l'Océan atlantique, à l'ouest par la Nouvelle-Grenade, au sud par la rivière de Para et l'embouchure de l'Amazone. Elle est divisée entre les Français, les Hollandais, les Anglais, les Portugais et les Espagnols. *Cayenne*, bâtie sur la

7.

mer, dans la petite île de ce nom, est le chef-lieu de la partie française.

6. *Le Brésil* se divise en douze provinces, dont la principale est celle de *Rio-Janeiro*, qui a pour capitale la ville du même nom, où le roi de Portugal et sa famille ont quelque temps résidé. C'est dans le Brésil surtout qu'on admire ces belles forêts vierges que l'on ne retrouve plus que dans l'Amérique.

7. *La Patagonie* est peu connue; elle occupe toute la pointe méridionale de l'Amérique, et fut découverte en 1520 par le navigateur Magellan, circonstance à laquelle elle doit le nom de *Terre Magellanique*, qu'on lui donne encore quelquefois. Ce pays est en général peu productif, les Patagons, ses habitans, se font remarquer par une stature peu commune, et leur manière de vivre tient encore à la nature sauvage. On comprend assez ordinairement la *Terre de Feu* dans la Patagonie, dont elle n'est séparée que par le détroit de Magellan. Les habitans de cette dernière contrée vont presque nus, malgré la rigueur de leur climat.

OCÉANIE.

On doit la découverte de cette cinquième partie du monde, et particulièrement de la Nouvelle-Hollande, île immense, d'une étendue de près de 3,000 lieues sur 800, aux Hollandais, dont les vaisseaux la reconnurent au commencement du dix-septième siècle. L'extrême éloignement de ces contrées, la multiplicité de leurs divisions, et les distances qui les séparent les unes des autres, telles sont les causes du peu de notions que l'on a obtenues sur leur intérieur jusqu'à ce jour, et de l'espèce d'ignorance des particularités qui les concernent. Tout ce que l'on en peut dire, d'après le récit des voyageurs qui les ont parcourues, se borne à un aperçu du climat, du caractère des habitans, et des productions de quelques parties de ces îles en général. L'Océanie, nommée aussi *Australie* par quelques savans, se compose d'une multitude d'îles plus ou moins considérables répandues dans le grand Océan, ou mer du Sud. La situation de la majeure partie de ces îles entre les deux tropiques occasione, dans celles qui jouissent d'une certaine étendue, des chaleurs excessives, qui sont aisément tempérées par les vents de mer dans celles qui sont moins grandes. Elles produisent principalement du riz, du maïs, des oranges, des grenades, des bananes, du camphre, des épiceries; on y trouve des mines d'or, de diamant, d'argent, de fer, etc. Les animaux les plus familiers sont le chien et le porc; le gibier et la volaille y abondent. Les habitans sont d'un caractère plus ou moins civilisé, selon leur plus ou moins de fréquentation des Européens. On évalue, par approximation, la population des terres océaniques à 3 millions d'individus.

Les principales îles sont, les *îles de la Sonde*, les *Philippines*, les *Moluques*, la *Nouvelle-Bretagne*, la *Nouvelle-Guinée*, la *Nouvelle-Zélande*, la *Nouvelle-Hollande*, et la *Polynésie*, divisée en septentrionale et méridionale.

La plus grande de toutes, la *Nouvelle-Hollande*, dont on ne connaît guère que les côtes, fut découverte en 1616 par les Hollandais; et successivement les Anglais et les Français en ont reconnu différentes côtes, où ils ont formé des établissemens. Il paraît impossible de décrire l'intérieur de cette île, qu'en raison de son étendue, presque égale à celle de l'Europe entière, on peut considérer comme un continent. Ceux des naturels que l'on voit venir le long des côtes paraissent dans un état tout-à-fait sauvage. La colonie fondée sur la côte de l'est par les Anglais, et peuplée depuis près d'un demi-siècle par les exilés de cette nation, étend de jour en jour sa prospérité et son commerce; Port-Jackson en est la principale résidence.

Les *îles de la Sonde* se trouvent situées au sud-est de l'Asie : elles se composent de trois îles, que l'on nomme *Java*, *Sumatra* et *Bornéo*. Après la Nouvelle-Hollande, cette dernière est la plus grande des îles connues.

Les *Philippines*, qui appartiennent aux Espagnols, furent découvertes en 1521 par Magellan, qui y trouva la mort. Ces îles jouissent d'une grande fertilité; mais les nombreux volcans qui s'y trouvent en rendent le séjour désagréable. Les principales îles de ce groupe sont *Manille* ou *Luçon*, et *Mindanao*. On en tire du girofle, de la cannelle, du tabac, de l'indigo, des aromates, du gingembre, etc.

Les *Moluques*, au sud des *Philippines*, se composent des *Célèbes*, des îles de *Gilolo*, de *Céram*, de *Timor*. Productions: du bois de santal, des cocos, du tamarin, des palmiers. C'est dans les Célèbes particulièrement que croît l'*upas*, arbre vénéneux dont le suc contient le poison le plus subtil, dans lequel les sauvages trempent les pointes de leurs flèches, pour s'en servir contre leurs ennemis.

La *Nouvelle-Guinée*. Cette grande île a été découverte par Saavedra en 1528; la hauteur de ses montagnes a empêché de pénétrer dans l'intérieur, et d'en reconnaître les particularités remarquables.

La *Nouvelle-Bretagne* est l'île principale d'un archipel qui comprend en outre la *Nouvelle-Irlande* et les *îles de l'Amirauté*. Toutes ces îles sont encore peu connues dans leur intérieur.

La *Nouvelle-Zélande*, découverte en 1642, est divisée en deux parties. Son climat est à peu près le même, pour la température, que ceux de la France et de l'Écosse. Au sud-est de la Nouvelle-Zélande, et sur le 180° de longitude est, et 40° 50' de latitude sud, se trouvent les antipodes de la ville de Paris. On entend par là le lieu qui, dans un hémisphère différent, se trouve diamétralement opposé à un autre point du globe, sous le même nombre de degrés de longitude et de latitude.

Sous le nom de *Polynésie* on désigne une multitude incalculable d'îles disséminées à l'est de la Nouvelle-Hollande, ou trop peu connues jusqu'à présent, ou trop peu importantes pour mériter une désignation particulière. D'après le rapport des navigateurs, ces îles sont peuplées par des nations sauvages, d'un caractère timide et hospitalier pour les étrangers, mais cruels jusqu'à la férocité pour leurs ennemis. Plusieurs mêmes de ces peuples mangent les prisonniers qu'ils font dans les guerres qu'ils se livrent continuellement les uns aux autres.

La *Polynésie septentrionale* comprend les chaînes des îles éparses au nord de l'équateur, depuis les îles *Pelew* jusqu'aux îles *Sandwich*. Au nombre de ces dernières est l'île d'*Owhyhée*, où fut tué le capitaine Cook en 1779.

La *Polynésie méridionale* se compose de toutes les îles au sud de l'équateur; on les a réunies en archipels, qui sont ceux des *Amis*, des *Navigateurs*, de la *Société*.

MONDE CONNU DES ANCIENS,

ET PRÉCIS DE L'HISTOIRE DE LA GÉOGRAPHIE ET DE SON PROGRÈS.

Ce que l'on entend communément par géographie des anciens, et en la restreignant aux simples connaissances que l'on avait de la terre au commencement du règne des empereurs, se renferme dans une assez faible partie de l'hémisphère que nous habitons, et qui comprend les contrées généralement désignées par le nom d'*Ancien monde*.

La partie méridionale de l'Europe, qui formait le centre de l'univers pour les Romains, vainqueurs du monde, une faible partie de l'Asie, quelques contrées plus restreintes encore pour l'Afrique, telles étaient les limites où se concentraient, à l'époque de la plus grande étendue de la puissance romaine, la civilisation, les sciences et les arts.

L'Europe, occupée au nord par des forêts immenses, des marais et des lacs inconnus, l'Asie ne présentant, au nord et à l'orient de la mer Caspienne, que des plaines incultes, habitées, ou mieux parcourues par des hordes errantes de peuples barbares; l'Afrique, brûlée au midi par les feux du soleil, et n'offrant à l'intérieur qu'un désert sous fin de sables arides, formaient les limites au-delà desquelles l'ambition romaine n'avait plus trouvé de conquêtes à faire, la science plus de connaissances à acquérir.

Telles étaient alors les principales divisions établies entre les peuples connus :

EUROPE.

Au NORD. 1° La *Scandinavie* ou *Baltie* occupait l'étendue de la Suède actuelle. — 2° La *Cimmérie*, ou pays des *Cimbres*, était à peu près resserrée dans les limites qui renferment le Danemarck. — 3° La *Bretagne*, peuplée par les Bretons et les Pictes, composait l'île divisée aujourd'hui en Angleterre et Écosse. L'Irlande était connue sous le nom d'*Hibernie* ; au nord du pays des Pictes se trouvaient les îles *Thulé*, regardées comme l'extrémité du monde. — 3° La *Sarmatie*, peu connue, désignait en général les contrées situées au nord-est de l'Europe, et renfermées entre le Pont-Euxin et la mer Glaciale.

AU CENTRE. 1° La *Germanie* représentait une grande partie de l'Allemagne, et se trouvait bornée par l'*Helvétie*, ou pays des Suisses, au sud, et par la *Pannonie*, ou Hongrie, à l'est. — 2° La *Gaule*, avec ses divisions multipliées, se trouvait, à peu de chose près, renfermée dans les limites qu'occupe la France de nos jours.

AU MIDI. 1° La péninsule qui termine l'Europe, au sud-ouest de la Gaule composait l'*Ibérie* ou Espagne, et la *Lusitanie*, aujourd'hui le Portugal. — 2° L'*Italie*, et ses divers États, entièrement soumis à l'Empire romain, occupaient la péninsule qui porte encore ce nom. — 3° La *Grèce*, séparée de l'Italie par la mer Adriatique, embrassait la presqu'île du Péloponèse, et tous les pays situés au nord et à l'est, jusqu'à la Macédoine.

ASIE.

Les contrées de cette partie du monde, bornées au nord par le Pont-Euxin et les monts Caucases, au sud par l'Arabie, à l'est par la mer Caspienne et le golfe Persique, à l'ouest par la mer Égée, et connues sous le nom d'Asie mineure, composaient la seule partie de l'Asie qui fut exactement connue des Anciens. De ces contrées, qui jadis avaient illustré les armes d'Alexandre, et qui comprenaient la *Syrie*, l'*Arménie*, le *Pont*, la *Galatie*, la *Cappadoce*, le *royaume de Pergame* et la *Judée*, une grande partie avait fini par être soumise à la domination romaine: les Parthes seuls, dont le pays s'étendait à l'est de ces divers États, avaient opposé une barrière à l'ambition de Rome: quelques navigateurs hardis, poussés par le désir d'étendre les relations du commerce, avaient bien pénétré dans l'intérieur de l'Asie, et reconnu une assez vaste étendue de ses côtes méridionales; mais les notions qu'ils avaient rapportées de ces excursions, rares d'ailleurs, et entreprises dans le seul but d'acquérir des richesses, ne présentaient ni assez de gravité ni assez de certitude pour en admettre le témoignage sans restriction.

AFRIQUE

Les relations avec cette troisième et dernière partie de l'ancien monde se bornaient aux pays situés le long des côtes méridionales de la Méditerranée.

L'*Égypte*, l'État le plus ancien comme le plus puissant de l'Afrique, s'étendait depuis la Méditerranée au nord, jusqu'à l'*Éthiopie* au sud, et elle était limitée par la mer Rouge à l'est et le désert à l'ouest. La *Mauritanie*, la *Libye* et la *Numidie* occupaient, avec le territoire de l'ancienne *Carthage*, la plus grande partie des côtes de la Méditerranée, depuis l'Égypte jusqu'à l'Océan, le reste était aussi peu connu que l'intérieur même de l'Afrique.

D'après cet exposé succinct, il est facile de voir combien à cette époque, où l'ambition romaine croyait avoir assez fait pour usurper le titre de maîtres du monde, il restait encore à découvrir pour arriver à la connaissance entière des régions qui entrent dans la formation de notre globe. Pendant long-temps la forme et le mouvement de la terre furent des problèmes insolubles pour l'intelligence humaine : et tels furent, durant une longue suite de siècles, l'aveuglement de l'erreur sur ce point, et l'obstination à rejeter toute idée nouvelle qui aurait pu éclairer les doutes, qu'Anaxagoras fut taxé d'impiété, et banni pour avoir avancé, dans le pays le plus éclairé qui fût alors, que le soleil était au moins aussi grand que le Péloponèse; et que deux mille ans plus tard Galilée expirait dans les prisons de l'Inquisition, à Rome, le tort d'avoir adopté le système de Copernic, et soutenu, contre l'autorité des Écritures, le mouvement périodique de la terre.

Strabon, qui écrivait sous l'empereur Auguste, est le premier qui ait donné aux notions acquises jusqu'alors en géographie la forme d'un système régulier; encore ses calculs, basés pour la plupart sur des suppositions, se ressentent-ils de l'obscurité qui régnait encore sur cette matière. Vers le milieu du deuxième siècle après J.-C., parut le système de Ptolémée, qui, mieux conçu que celui de Strabon, quoiqu'il soit loin d'être exempt de fautes, a long-temps servi de règle à la science, jusqu'à ce que Copernic eût publié le sien en 1507. Depuis cette dernière époque, les immenses découvertes dues aux travaux de Tycho-Brahé, Képler, Galilée, Newton, et de mille autres savans, ont achevé de dissiper les ténèbres, et porté la science au point de perfection le plus élevé qu'elle puisse recevoir de l'intelligence humaine.

Dans les siècles du moyen âge, au milieu des invasions répétées des barbares du nord, dont les hordes accouraient se disputer les débris de la grandeur romaine, les arts et les sciences, proscrits de leur séjour natal, se réfugièrent auprès des Arabes, peuple spirituel et guerrier, dont les rapides conquêtes et le goût pour les arts aidèrent aux progrès des connaissances géographiques. Ce ne fut cependant que vers le commencement du seizième siècle que cette science commença à marcher hardiment, éclairée par les nombreuses et subites découvertes de la navigation. En 1492, Christ. Colomb, poussé par l'inspiration des découvertes, s'élançait au-delà de l'Océan, et montrait un nouveau monde à l'Europe incrédule et étonnée. Vers le même temps, après un siècle de tentatives inutiles, un Portugais, Vasco de Gama (1497), doublait le cap de Bonne-Espérance, et découvrait enfin la route si long-temps cherchée des Indes orientales par les mers du sud. Le succès inespéré de ces importantes découvertes devint le signal de toutes celles qui suivirent : les Portugais pénétrèrent dans l'Asie, et en explorent les côtes méridionales; l'on d'eux, Magellan, s'ouvrait un passage à l'extrémité sud de l'Amérique, faisant pour la première fois le tour du monde (1520). Un siècle plus tard (1616), les Hollandais signalaient au nord-est du continent de l'Asie cette île immense qu'ils appelaient Nouvelle-Hollande, du nom de leur patrie. Cook, Vancouver, La Peyrouse, Kotzebüe, Parry, Freycinet, et d'autres navigateurs, étendaient, par leurs courageuses entreprises, les relations du commerce, et revenaient enrichir de leurs récits les annales de la géographie.

De nos jours, à peu d'exceptions près, toutes les parties du globe ont été explorées, reconnues, visitées; encore quelques années, et les pays les plus inaccessibles auront cessé d'être l'objet des incertitudes des savans

FIN.

MAPPE-MONDE
AMÉRIQUE SEPTENTRIONALE ET MÉRIDIONALE.

N.º 1

MAPPE-MONDE
EUROPE, ASIE, AFRIQUE ET OCÉANIE.

EUROPE.

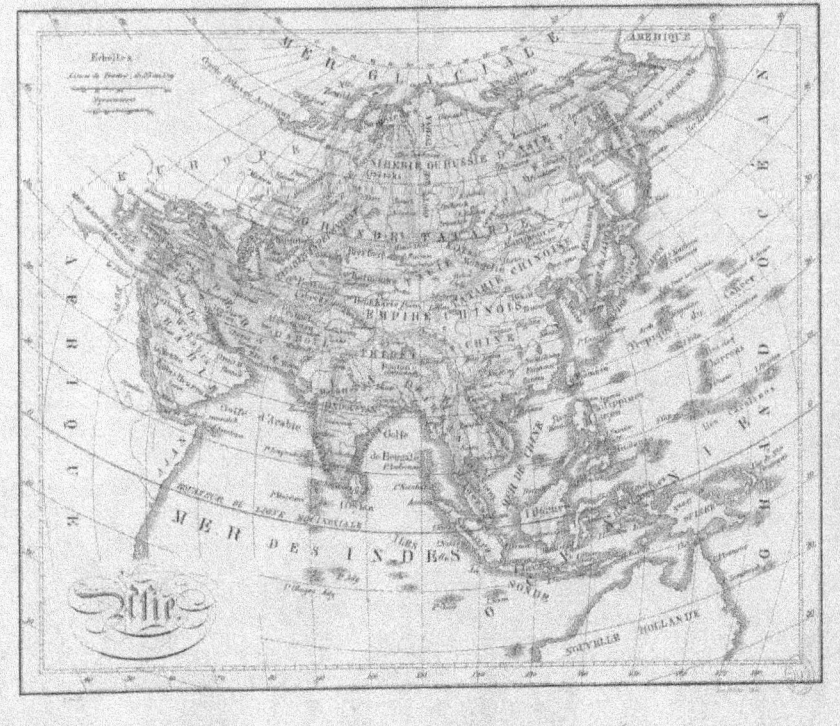

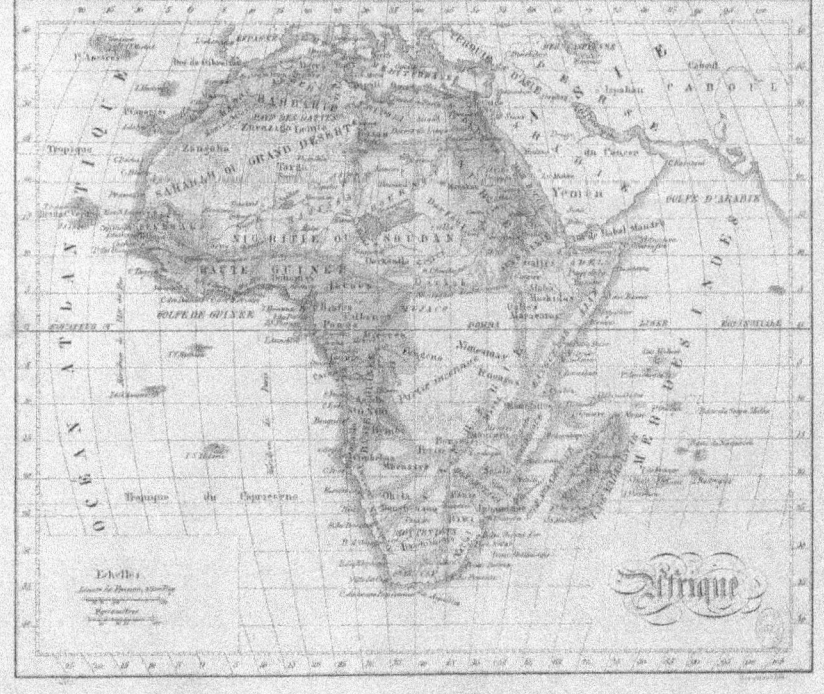

AMÉRIQUE SEPTENTRIONALE.

Amérique
SEPTENTRIONALE.

AMÉRIQUE MÉRIDIONALE.

OCÉAN ATLANTIQUE

Amérique Méridionale

MER DU SUD OU GRAND OCÉAN AUSTRAL

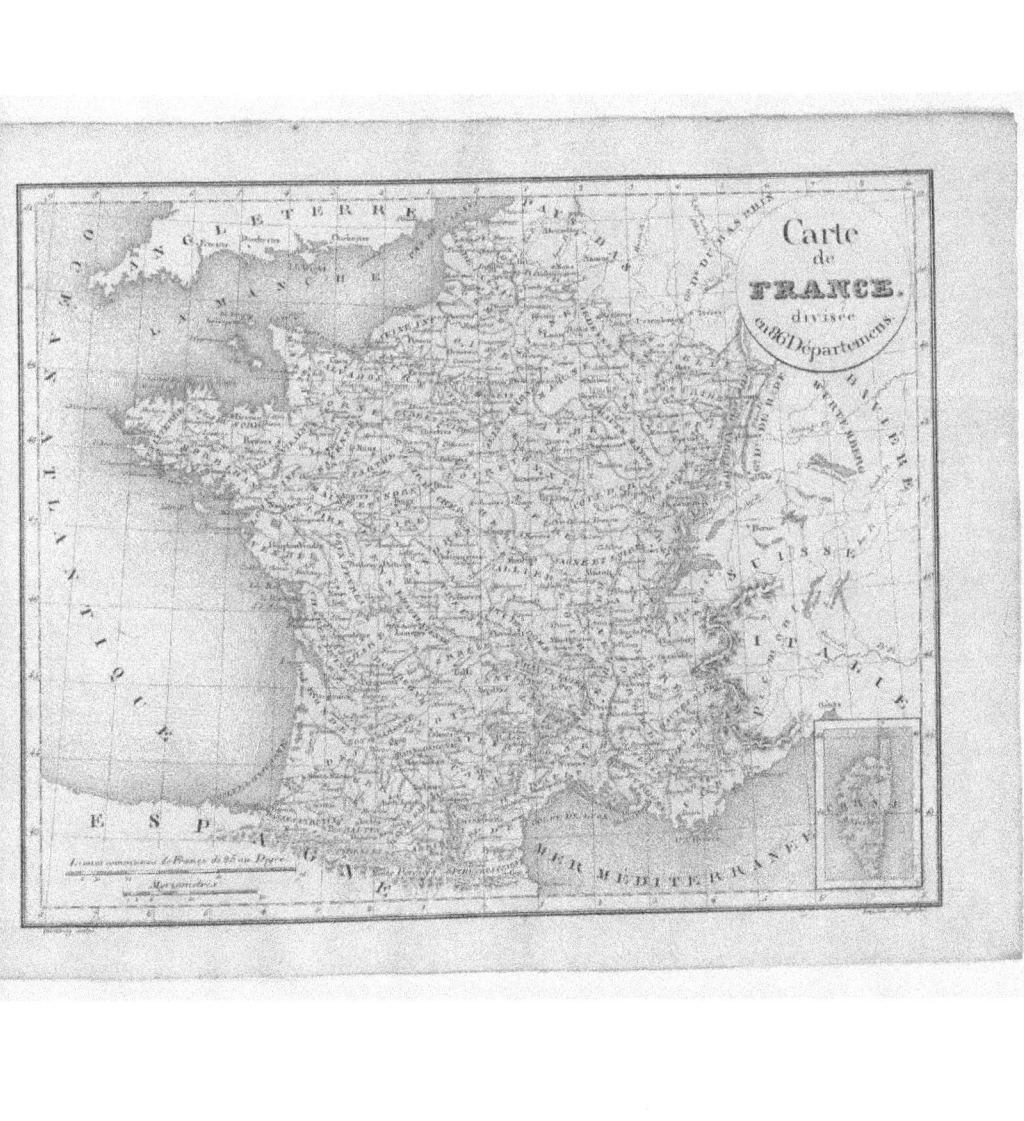

ESPAGNE et PORTUGAL

N.º 10.

SUISSE

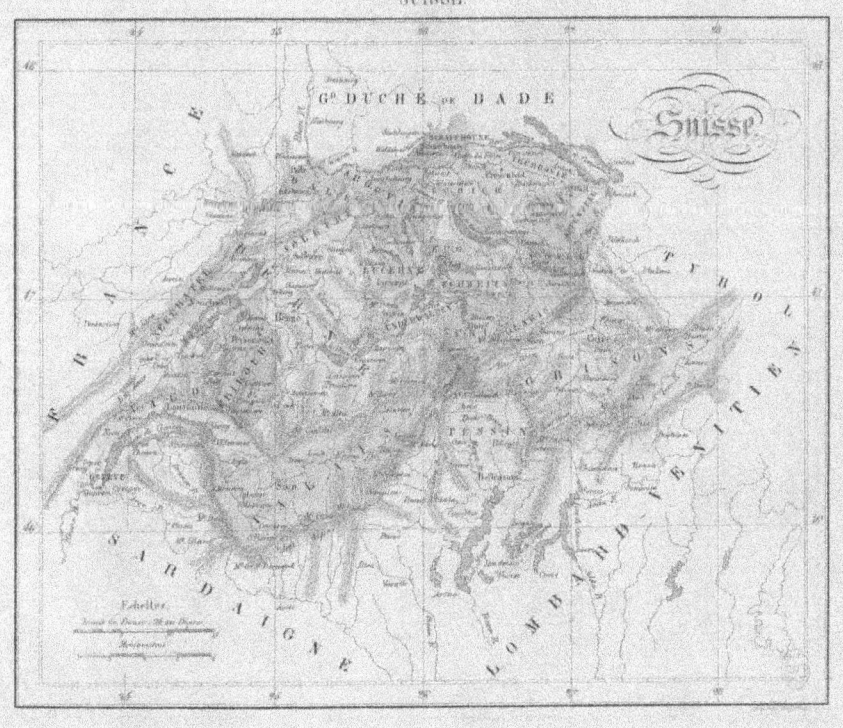

ALLEMAGNE OCCIDENTALE.

BAVIÈRE,
WURTEMBERG,
HANOVRE,
SAXE
et les Grands Duchés
de BADE,
du BAS-RHIN,
de MECKLENBOURG
d'OLDENBOURG etc.

PRUSSE ET POLOGNE.

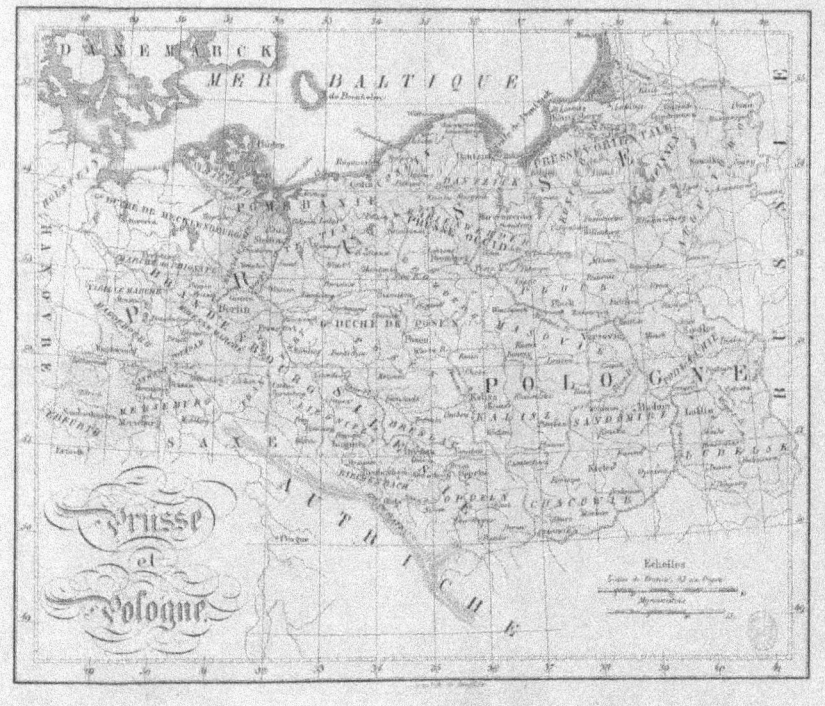

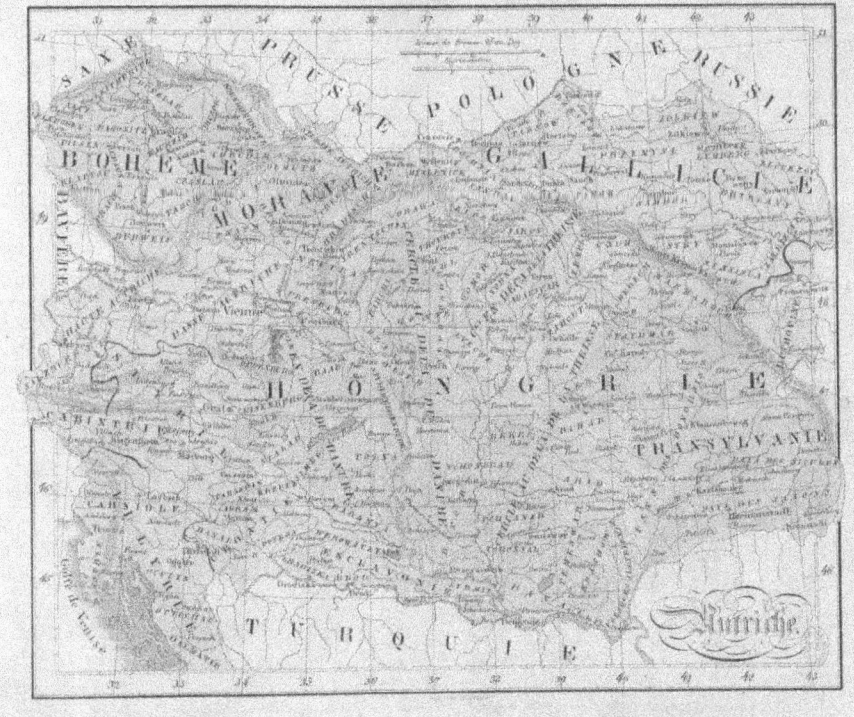

PAYS-BAS.

ANGLETERRE.

N°16

Nº 17.

SUÈDE ET DANEMARK

RUSSIE D'EUROPE.

TURQUIE D'EUROPE.

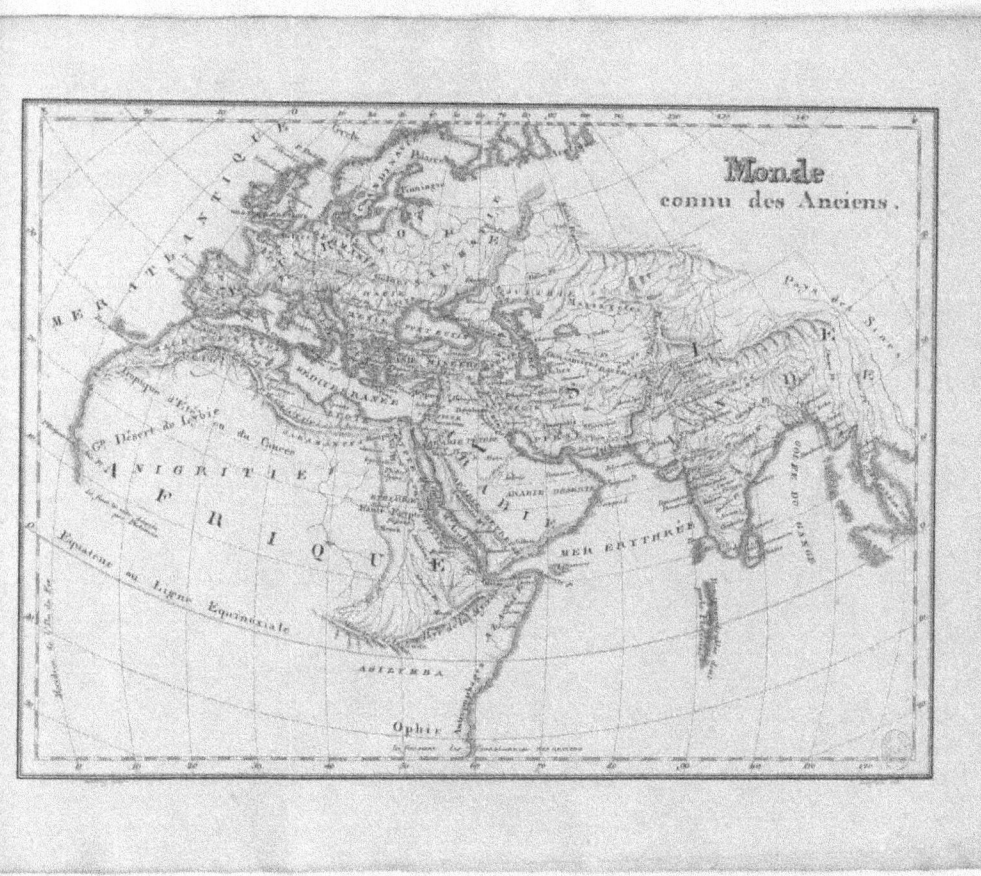

MAPPE-MONDE

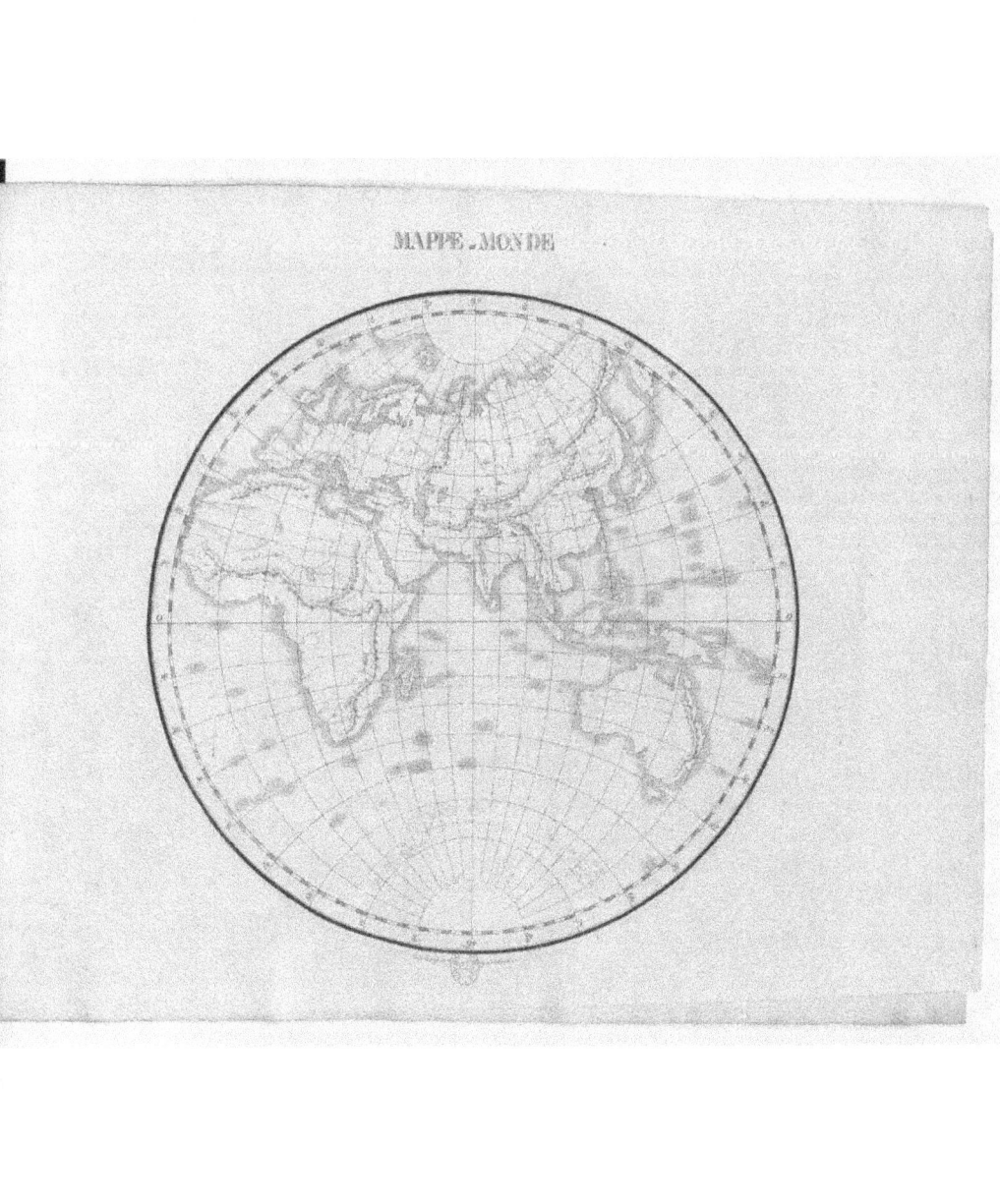

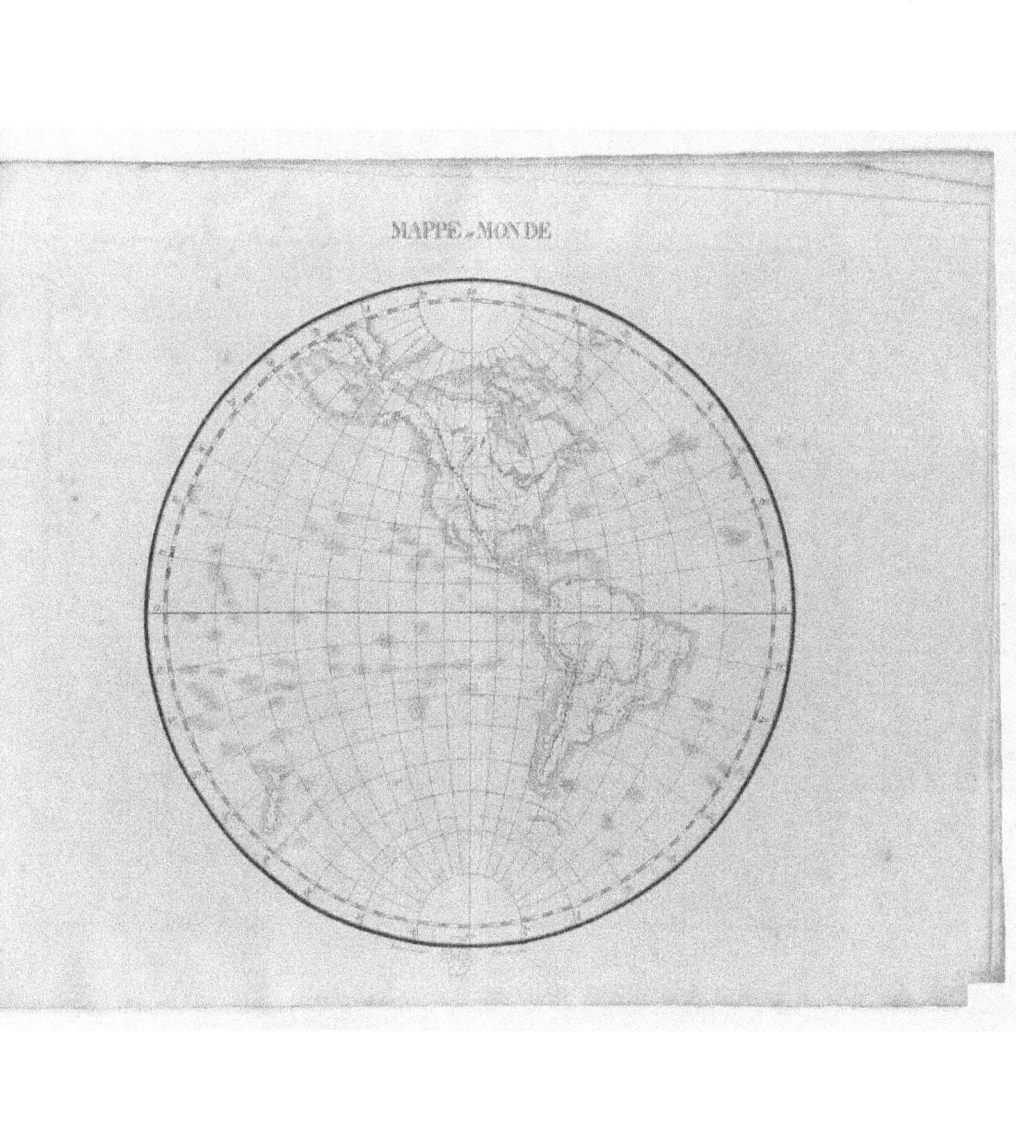

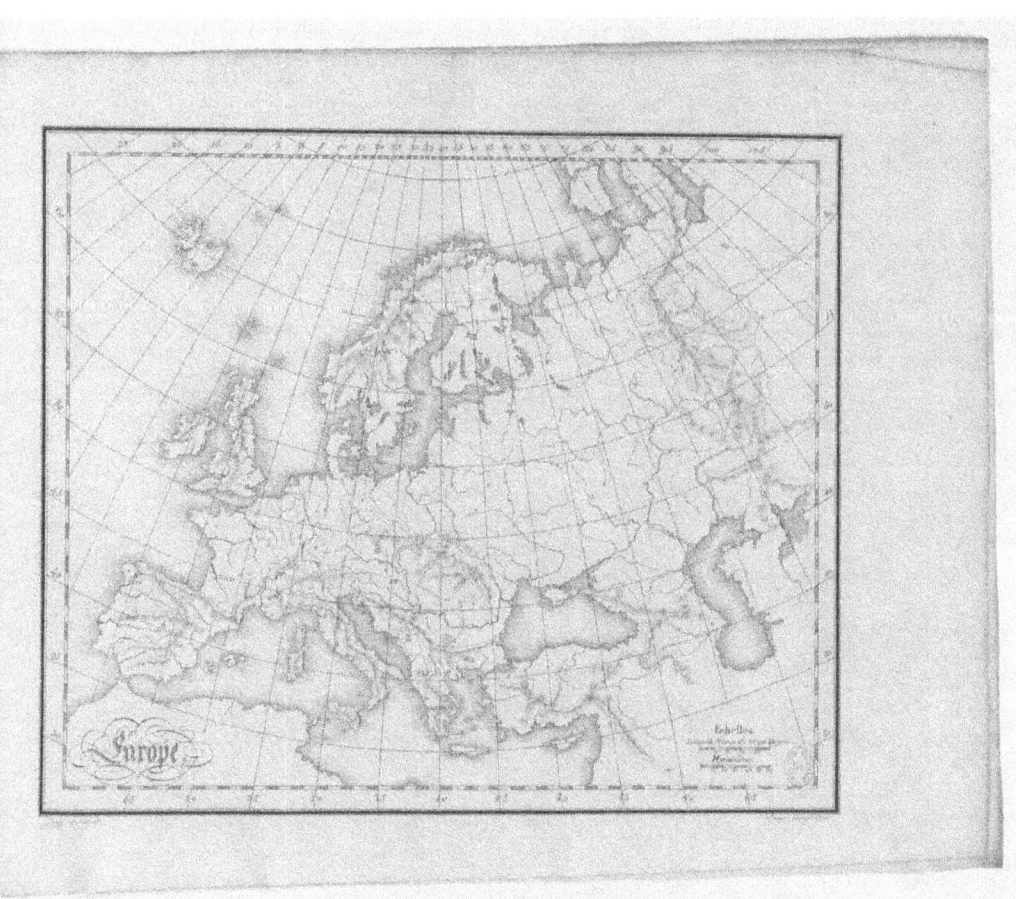

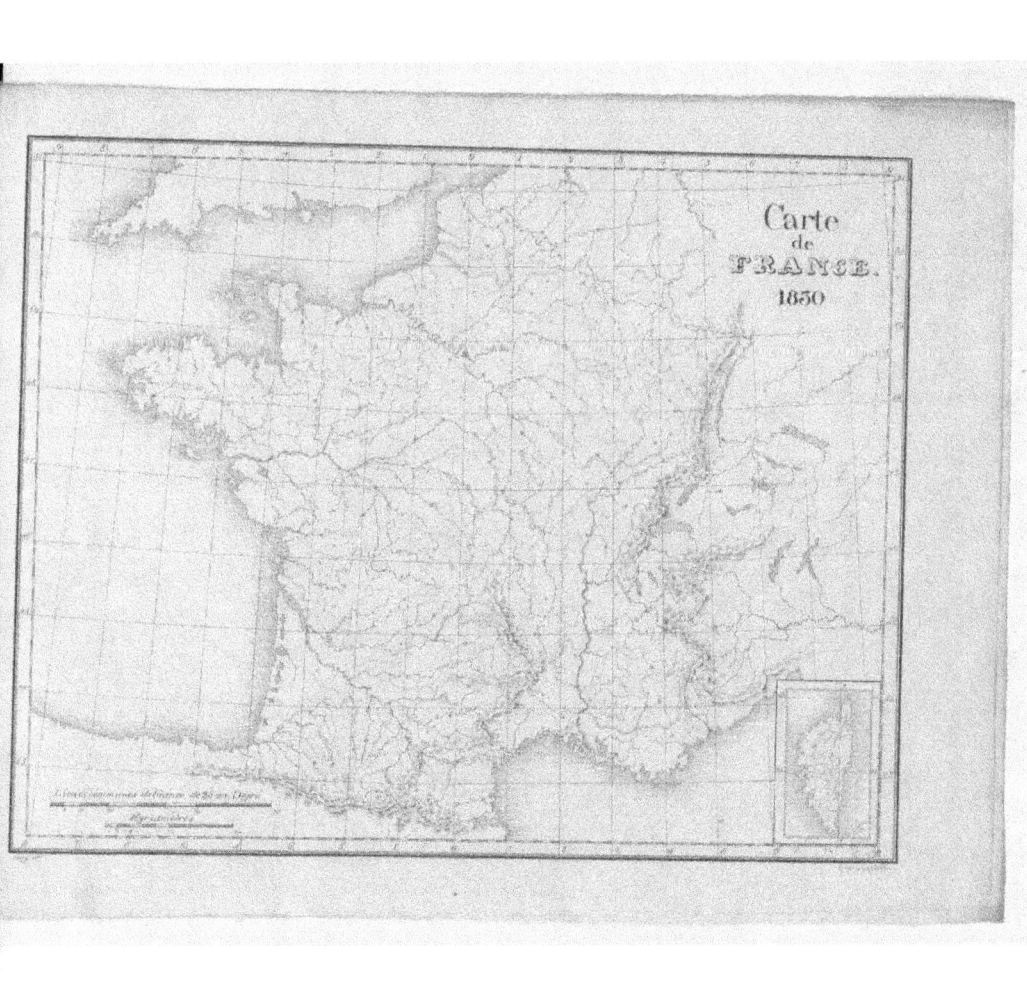

www.ingramcontent.com/pod-product-compliance
Lightning Source LLC
Chambersburg PA
CBHW070258100426
42743CB00011B/2259